数字经济下的文化创意产业集聚发展研究

吕 迪 秦 玥◎著

吉林出版集团股份有限公司
全国百佳图书出版单位

图书在版编目（CIP）数据

数字经济下的文化创意产业集聚发展研究 / 吕迪，秦玥著. -- 长春：吉林出版集团股份有限公司, 2024.3
ISBN 978-7-5731-4808-7

Ⅰ.①数… Ⅱ.①吕… ②秦… Ⅲ.①文化产业—产业发展—研究—中国 Ⅳ.① G124

中国国家版本馆 CIP 数据核字 (2024) 第 079763 号

数字经济下的文化创意产业集聚发展研究
SHUZI JINGJI XIA DE WENHUA CHUANGYI CHANYE JIJU FAZHAN YANJIU

著　　者	吕　迪　秦　玥
责任编辑	林　丽
封面设计	李　伟
开　　本	710mm×1000mm　　1/16
字　　数	214 千
印　　张	13.25
版　　次	2024 年 6 月第 1 版
印　　次	2024 年 6 月第 1 次印刷
印　　刷	天津和萱印刷有限公司

出　　版	吉林出版集团股份有限公司
发　　行	吉林出版集团股份有限公司
地　　址	吉林省长春市福祉大路 5788 号
邮　　编	130000
电　　话	0431-81629968
邮　　箱	11915286@qq.com
书　　号	ISBN 978-7-5731-4808-7
定　　价	80.00 元

版权所有　翻印必究

作者简介

吕　迪　女，汉族，1979年3月生，辽宁省沈阳市人，毕业于复旦大学，硕士，区域经济专业。现任教于宁波财经学院，副教授，研究方向为产业经济。主持浙江省哲学社会科学规划课题一项、浙江省文化厅项目一项，发表论文十余篇。

秦　玥　女，汉族，1979年7月生，吉林省长春市人，毕业于宁波诺丁汉大学，博士，教育学专业。现任教于宁波财经学院，副教授，研究方向为产业经济。主持浙江省教育厅科研项目一项、浙江省教科规划研究课题一项，发表论文十余篇。

前言

文化产业作为新兴产业,其发展变革的步伐是与科技发展密不可分的,网络时代下科学技术的更新迭代不断催生着文化产业的新思路、新业态、新模式,深刻影响着文化产业生产、消费的方式与习惯。

近20年是文化产业从无到有的20年,是我们真正参与、见证文化产业发展变化的20年。我们深知20年对于年轻的文化产业来说仅是个开始,再回首,或许许多研究成果并不能尽如人意,但作为研究文化产业的学者和从事文化产业学科建设的参与者,要怀着学者的人文情怀,身体力行地实践文化产业学者的三大历史重任,即专业研究、培养学科人才及专业实践,期望能够尽自己的一点薄力,推动文化产业的发展。

20年来,中国文化产业理论研究不断深入,为文化产业的发展历程和实践探索提供了坚实支持。但从总体上而言,中国文化产业理论研究仍然任重道远。随着文化产业在国家经济发展中的战略地位日益凸显,人们对于多元化的文化消费需求日益迫切,同时文化产业也正处于快速发展的历史时期。然而,文化产业理论的研究却未能跟上产业发展的速度,其研究的历史、逻辑、理论和实践之间仍存在一定的不协调现象。

回顾过去20年的中国文化发展理论体系和文化发展战略的研究,我们可以发现,中国鲜有为国际学术界所瞩目、为国际社会所认同的相关理论研究成果,一个重要的原因是理论思维的缺位。我们对"中国文化产业发展理论体系"系统、整体、深入、全方位的研究不够。但反过来说,时代造成的历史性局限也为我国未来全面、深入、系统的整体性研究提供了机会,创造了条件。近20年来的中国文化产业发展战略研究及文化体制改革,给中国文化产业发展带来了深刻变化。

本书主要介绍了数字经济下的文化创意产业集聚发展研究,设置了六章内容进行分析阐述,分别为数字经济时代的到来、文化创意产业概论、数字经济下文化创意产业集聚研究、数字经济下文化创意产业集聚的发展挑战、数字经济下文化创意产业集聚的发展策略和数字经济下智慧城市与文化创意产业集聚六部分内容。第一章为数字经济时代的到来，内容为数字经济的内涵与概念、数字经济的特征和属性、数字经济的兴起与沿革和数字经济的推动性意义；第二章为文化创意产业概论，主要内容为文化创意产业的内涵释义、文化创意产业的基本特征、文化创意产业的行业性质和文化创意产业的发展规律；第三章主要对数字经济下文化创意产业集聚研究进行了介绍，共分为三节内容，分别是数字经济下文化创意产业链与理论、数字经济下文化创意产业集聚形成与效应分析、数字经济下文化创意产业集聚动因研究；第四章为数字经济下文化创意产业集聚的发展挑战，主要内容为数字文化创意产业的法制治理和数字文化创意产业的经济难题；第五章为数字经济下文化创意产业集聚的发展策略，主要内容为文化创意产业集聚的发展新纪元和文化创意产业集聚的发展新策略；第六章主要内容为数字经济下智慧城市与文化创意产业集聚，分为两个方面进行介绍，首先介绍了智慧城市对文化创意产业发展的影响，其次对数字经济下智慧城市文化创意产业研究进行了详细阐述。

  在撰写本书的过程中，作者得到了许多专家、学者的帮助和指导，参考了大量的学术文献，在此表示真诚的感谢！限于作者水平，加之时间仓促，本书难免存在一些疏漏，在此，恳请同行专家和读者朋友批评指正。

目 录

第一章 数字经济时代的到来 ………………………………………………… 1
    第一节 数字经济的内涵与概念 ………………………………………… 3
    第二节 数字经济的特征和属性 ………………………………………… 7
    第三节 数字经济的兴起与沿革 ………………………………………… 14
    第四节 数字经济的推动性意义 ………………………………………… 26

第二章 文化创意产业概论 …………………………………………………… 37
    第一节 文化创意产业的内涵释义 ……………………………………… 39
    第二节 文化创意产业的基本特征 ……………………………………… 60
    第三节 文化创意产业的行业性质 ……………………………………… 66
    第四节 文化创意产业的发展规律 ……………………………………… 69

第三章 数字经济下文化创意产业集聚研究 ………………………………… 77
    第一节 数字经济下文化创意产业链与理论 …………………………… 79
    第二节 数字经济下文化创意产业集聚形成与效应分析 ……………… 97
    第三节 数字经济下文化创意产业集聚动因研究 ……………………… 117

第四章 数字经济下文化创意产业集聚的发展挑战 ………………………… 127
    第一节 数字文化创意产业的法制治理 ………………………………… 129
    第二节 数字文化创意产业的经济难题 ………………………………… 142

第五章　数字经济下文化创意产业集聚的发展策略 ················ 145
　　第一节　文化创意产业集聚的发展新纪元 ···················· 147
　　第二节　文化创意产业集聚的发展新策略 ···················· 165

第六章　数字经济下智慧城市与文化创意产业集聚 ················ 171
　　第一节　智慧城市对文化创意产业发展的影响 ················ 173
　　第二节　数字经济下智慧城市文化创意产业研究 ·············· 188

参考文献 ··· 201

第一章　数字经济时代的到来

本章主要针对数字经济时代相关的基本概念和特征属性进行阐述，分为数字经济的内涵与概念、数字经济的特征和属性、数字经济的兴起与沿革、数字经济的推动性意义四部分。

第一节　数字经济的内涵与概念

数字经济作为一种新的经济社会发展形态，延续了农业经济和工业经济的发展趋势。在众多关于数字经济的定义中，最著名的是2016年G20（二十国集团）杭州峰会所发布的《二十国集团数字经济发展与合作倡议》，该倡议是数字经济领域的代表性文件。根据该倡议，数字经济被定义为一系列经济活动，其核心是将数字化的知识和信息作为关键生产要素。数字经济的范畴涵盖了广泛的领域，涉及各个行业和领域的经济活动，旨在实现经济的创新、增长和可持续发展。该倡议进一步强调了数字经济的重要性，认为它在推动经济发展和提升整体竞争力方面具有巨大的潜力和影响力。

构建在数字化基础上的行业，如互联网零售等，被视为属于数字经济的范畴。这些行业共同构成了数字经济的基础与框架，推动着数字经济的发展与扩展。然而，随着技术的创新和经济的变革，数字经济的界定仍在不断演化中，需要与时俱进地调整和完善相应的分类和统计标准。融合性经济的特点使数字经济与传统经济界限模糊，不同行业和领域之间相互交叉和相互依赖，使得衡量数字经济的产出和影响变得复杂且具有挑战性。因此，为了准确理解和评估数字经济的规模和贡献，我们需要综合考虑各个相关行业的发展和演变，以更全面的视角去分析和衡量数字经济的发展水平。

一、数字经济概念历史沿革

信息通信技术的不断创新推动了对信息经济内涵和外延认识的演进。自20世纪60年代马克卢普提出"知识产业"概念起，到70年代波拉特提出"信息经济"，再到90年代后期OECD（经济合作与发展组织）提出"以知识为基础的经济"，以及21世纪初出现的"数字经济""网络经济""虚拟经济""互联网经济"等新概念，这一系列概念的不断涌现展示了人们对信息化新实践的新理解和新认识。这些概念的提出，反映了信息经济在现代社会中的不可忽视的重要地位，同时揭示了数字化、网络化和虚拟化等变革对经济发展的深远影响。

1996年，美国学者泰普斯科特在《数字经济时代》一书中首次引入数字经济的概念。随后，美国商务部在1998年、1999年和2000年陆续发布了名为《浮现中的数字经济》（Ⅰ，Ⅱ）和《数字经济》的研究报告，进一步探讨数字经济的发展趋势和影响。这些重要的出版物为数字经济的定义和研究奠定了基础，并为全球范围内对数字经济的认识和理解提供了有力支持。联合国、欧盟、美国、英国等国际组织和国家纷纷提出了网络经济、数字经济、信息经济等新概念，这些新概念在全球范围内引起广泛关注。不同国际组织和国家对数字经济内涵外延的认识有所差异，但共同认可信息通信技术产业是数字经济的核心要素。而不同国家对信息通信技术（ICT）与传统经济融合的深度和广度存在差异。这些新概念的提出反映了各国对于数字化经济实践的新认知和新理解，同时也凸显了数字经济在全球范围内的重要性。在2016年G20杭州峰会上发布的《G20数字经济发展与合作倡议》明确了数字经济的定义。根据该倡议，数字经济是指一系列经济活动，其中关键生产要素是使用数字化的知识和信息。

二、数字经济的定义与内涵

在过去的半个世纪里，国际社会就信息通信技术的创新、应用及其所带来的影响提出了一系列新概念，包括知识经济、网络经济、数字经济、信息经济、互联网经济等。这些概念旨在描述新一代信息通信技术与经济社会变革之间的关系。随着技术的不断演进和人们对其认识的不断深化，数字经济已经成为国际社会发展的共识。数字经济以数字化的方式塑造和推动经济活动，利用先进的信息通信技术提升效率、优化经济结构，对社会各个领域产生了广泛而深远的影响。在2014年至2016年，中国信息化百人会连续三年发布中国信息经济年度发展报告，该报告认为信息经济与数字经济的内涵和外延大体上是一致的。数字经济被中国信息化百人会认为是全社会基于数据资源开发利用所形成的经济总和。数字经济以信息技术为基础，涵盖了数字化的生产、交流、交易等经济活动，并在不同领域推动了创新、提高了效率、促进了经济发展。根据这一定义，数据被视为一切数字化实体，与物质和能量同等重要，是人类经济活动中不可或缺的基本要素之一。数据资源的开发利用旨在为人类经济社会发展提供服务，包括数据的生成、收集、编码、存储、传输、搜索、处理和利用等一系列行为，以及与这些行为相关的信息通信技术（ICT）的制造、服务和集成。通过充分利用数据资源，我们能够推动创新、提高效率，并为经济、社会发展提供支持。

数字经济是一种经济形态，其借助信息网络，以数字化信息作为核心资源，通过与其他领域的紧密融合，形成了多个层次和类型的经济形态。这些层次和类型在数字化信息的推动下不断演化和发展，为经济、社会带来了巨大的影响和机遇。

（一）以信息产业为主的基础型数字经济层

基础型数字经济主要涵盖软件服务业、信息通信业和电子信息制造业等领域，其核心是生产和提供信息产品以及信息服务。这些产业扮演着重要角色，为社会提供着信息化产品和服务，以满足人们对信息的需求。电子信息制造业负责制造相关设备和产品，信息通信业致力于传输和交换信息，而软件服务业则负责提供各种软件产品和解决方案。这些领域的发展推动了基础型数字经济的发展和创新。

（二）以信息资本投入传统产业而形成的融合型数字经济层

信息通信技术的不断创新和发展，催生了信息设备在传统产业中的广泛应用。这些信息设备涵盖了信息处理、传输、存储和采集等方面的内容，为传统产业的服务、流通、销售和生产等各个环节注入了新的动力。这种融合与整合产生了全新的生产组织方式，为各行各业带来了丰富的产出和效益。信息技术的不断渗透和应用，不仅提升了生产效率和质量，还促进了经济的可持续发展。

（三）以信息通信技术为基础的效率型数字经济层

效率型数字经济指的是通过信息通信技术的应用，提高全要素生产率，从而增加经济总量的一部分。

（四）以新产品、新业态形式出现的新生型数字经济层

信息通信技术与传统产业的融合不断催生出一系列新的技术、产品和商业模式，进而孕育出拥有发展潜力和充满创新活力的新型数字经济产业，这种新产业被普遍称为新兴数字经济。

（五）产生社会正外部效应的福利型数字经济层

信息通信技术的广泛应用和普及为经济社会领域带来了诸多潜在社会福利，包括增强社会信任感、促进更广泛的社会参与、提升公共安全水平。这种经济模式被称为福利型数字经济，其特点是以社会福祉为导向，通过数字技术的创新和应用为社会带来可持续的福利增益。

第二节 数字经济的特征和属性

一、数字经济的特征

（一）数据成为驱动经济发展的关键生产要素

全球数据增速大致每隔两年就会翻倍一次，这意味着我们正处于一个数据增长极为迅猛的时代。随着数据量的剧增以及对其处理和应用的需求，大数据的概念逐渐崭露头角，数据的重要性也日益凸显。数据资源将成为企业的核心竞争力，掌握数据的人将拥有优势地位。因此，数据正在成为一种重要的战略资产，不容忽视。美国政府将大数据视为国家另一项核心资产，认为大数据是数字经济中的"货币"，是"未来的新石油"，并认为其与陆权、海权和空权同等重要。事实上，数据已经成为数字经济时代的关键生产要素。数据驱动的创新正迅速渗透到各领域之中。以数据驱动创新在国家实现创新发展中扮演着关键角色，数据驱动创新已然成为一种重要模式和关键趋势。数据的广泛应用和分析正在为科技研发带来新的突破，为经济社会带来深刻变革。

（二）数字基础设施成为新的基础设施

随着数字技术的蓬勃发展，网络和云计算已经成为不可或缺的信息基础设施。在这个数字化时代，数字基础设施已经成为支撑各行各业运转的重要支柱，它们为人们提供了实现互联互通、信息共享和协同创新的平台。随着数字经济的快速发展，数字基础设施不仅包括传统的信息基础设施，如宽带和无线网络，还涵盖了多方面的内容。数字基础设施的演进包括对传统物理基础设施的数字化改造，这些数字基础设施的建设和应用为经济活动提供了更高效、智能和可持续的解决方案，并推动了数字经济的快速发展和创新。这些基础设施共同为数字经济的发展创造了必要的条件，引领了基础设施的转型。传统的工业时代基础设施以"砖和水泥"为代表，而数字时代基础设施则以"光和芯片"为核心。这种转变推动了数字经济的迅速发展，并为信息和通信技术的广泛应用提供了有力支持。

（三）数字素养成为对劳动者和消费者的新要求

随着数字技术在各行各业的广泛应用，对劳动力的需求日益呈现出对数字技能和专业技能的需求。然而，相关人才短缺的问题日益凸显，许多企业纷纷表示难以招聘到所需的数据人才。鉴于此，我们不难发现劳动者若拥有较高的数字素养，一般就能够在就业市场中脱颖而出。对于消费者来说，如果缺乏基本的数字素养，他们将会成为数字时代的"文盲"。提升数字素养已成为个人和社会的任务，它可以帮助人们适应数字化时代的需求并实现个人和经济的可持续发展。数字素养的提升不仅能够促进更加有效的数字消费，也能为数字生产提供不可或缺的支持，是推动数字经济发展的基础和重要因素。

（四）供给和需求的界限日益模糊

传统的经济活动受数字经济发展的影响，已经失去了严格的供给侧和需求侧的划分，供给方和需求方之间的边界变得模糊不清。在这种情况下，经济行为的参与者逐渐成为一个融合了供给和需求的新角色，被称为"产消者"。

在供给方面，许多行业迎来了新的技术浪潮，这些技术充分考虑用户需求，并可在提供产品和服务的过程中创造全新方式，同时也能对行业的价值链产生深远影响。大数据技术的应用使得企业能够深入了解用户的喜好和行为模式，从而更精准地开发出符合市场需求的产品和创意作品。通过对海量数据的分析和挖掘，企业能够快速捕捉到消费者的偏好，及时调整策略和产品设计，提高市场竞争力。而3D打印技术的引入，则为企业提供了定制化生产的可能性，使得产品能够更好地迎合个性化需求，满足消费者对独特体验的追求。这些新技术的广泛应用不仅为企业带来了商机，也推动了行业的创新和变革。企业通过对大数据技术和3D打印技术的运用，能够更加灵活地应对市场需求的变化，实现差异化竞争。同时这些技术的推广也能催生一批创新型企业和新兴产业，为经济发展注入新动力。与此同时，消费者参与度增加，新的消费模式层出不穷，这迫使公司必须改变原有的推广和交付方式。这一趋势使得公司需要更加灵活地应对不断变化的市场环境，注重消费者的参与和反馈，以更好地满足他们的需求。

(五)人类社会、网络世界和物理世界日益融合

网络世界成为人类社会的崭新领域,为人类提供了全新的生存空间。同时数字技术与物理世界的融合正在推动现实世界的发展速度与网络世界逐渐趋于同步。这种融合加速了信息传播、知识交流和创新的速度,促进了全球范围内的合作与交流。信息物理系统(简称 CPS)的出现实现了网络世界和物理世界的融合。信息物理系统是集成了嵌入式系统、网络通信、环境感知、网络控制等多个工程系统的控制系统,其核心在于能够实现对物理世界的智能感知和实时响应,也能够通过计算和通信技术,将传感器获取的数据与物理过程相结合,实现对系统的自动化控制和优化。这种融合使得 CPS 能够实时感知和响应环境变化,并通过网络进行信息交换和协调,以实现智能化的决策和行为。

随着新技术的迅猛发展,市场上涌现出一种名为信息物理生物系统(简称CPHS)的新型融合形态。CPHS 在信息物理系统的基础上进一步整合了生物学领域的知识和技术,实现了信息、物理和生物三个层面的高度交互与协同。CPHS 的出现将信息、物理和生物融合为一个整体,创造了全新的科学研究领域和应用领域。在这个系统中,信息可以通过传感器、网络和算法等方式被获取和处理,物理世界的物体和环境可以通过控制器和执行器等方式被操作和控制,而生物学的知识和技术则能够为系统提供更加智能和自适应的能力。这一系统的出现对人类与物理世界的互动方式产生了深远影响。通过信息、物理和生物的融合,CPHS 将成为推动科技进步和社会发展的重要力量,引领我们走向更加智慧和可持续发展的未来。

二、数字经济的属性

(一)数字经济是继农业经济、工业经济之后的更高级经济阶段

作为人类历史上的第三种经济形态,数字经济展现出了与众不同的时代特征。其特点包括信息生成成本低、复制无差异性以及即时传播等,这些特征颠覆了传统经济中物质和能量要素的独占性和排他性。数字经济与农业经济和工业经济相比,就基础设施而言,在数字经济中,不仅有传统的交通基础设施,如铁路和公

路，而且其网络基础设施已成为经济社会运行的重要支柱，不可或缺。从生产工具的角度来看，数字经济与传统工业经济存在显著差异。在传统工业经济中，生产过程主要依赖电动机和制造设备等能量转换工具。然而，在数字经济中，这些工具被信息所改变，并演变为具备感知、传输、处理和执行能力的智能工具。此外，这些智能工具还可以组合形成智能制造生态系统。生产要素的差异在于，传统农业社会以土地为主要生产要素，而工业社会则侧重于资本和能源，然而，数字经济的关键生产要素则是知识和信息的数字化。

（二）普惠性是数字经济发展的根本特性

在数字经济中，开放、包容、协作、共享和共赢等特征日益凸显，这些特征共同的交汇点在于普惠性，即让更多的人受益，并确保每个人都能从数字经济的发展和带来的机遇中获益。随着数字经济的不断演进，普惠性的重要性将进一步凸显。数字经济充分利用时空压缩的能力，尽力平衡每个人的需求，能够为每个人提供比以往任何时期更广泛的自由度，从而推动每个人的全面发展。数字经济能赋予每个人更多的机会，让他们在健康、自由和幸福方面获得更多的益处。数字经济的丰富性和广泛的互联性，无疑为人类带来了财富和福利的增长，并展现出了巨大的潜力。更具意义的是，这种增长将惠及更多的人，为他们带来财富和福祉。

（三）数字经济可预见的趋势是泛在连接与全面智能化的叠加

随着传感、传输、处理和存储等技术的不断创新和广泛应用，数字经济已经超越了仅在信息通信技术领域的局部整合和简单应用，正迈向深度集成、加速融合和全面渗透的全新阶段。在未来，我们将见证无处不在的感知需求与无处不在的连接相结合，这将产生大量无处不在的数据。当计算、数据、连接和感知能力无处不在时，智能也将无处不在。管理、服务、生产、设备和产品将迎来智能化的全新阶段。泛在连接和全面智能化的时代一定能够到来，通过泛在互联，物理世界、信息空间和"人的网络"将实现高度融合，从而推动人类生活和娱乐进入智能化的新阶段。这种融合将催生全新的物质世界、精神家园和文明形态，为人类创造更智能、更丰富的体验。

（四）数字经济发展的中国经验既独特又具有普适意义

中国在数字经济发展方面的经验具有独特性，但又值得其他发展中国家借鉴。其独特性在于中国采取了与日本、美国等发达国家和地区不同的数字经济发展路径。在发展中国家，存在越落后越具有革命性的逆袭现象。中国在个人分享经济、移动支付、电子商务等领域有可能率先取得世界领先地位，成为推动整个数字经济发展的先锋力量。这为其他发展中国家提供了宝贵的经验和启示，激励它们在数字经济领域迅速发展，并在全球竞争中赢得更有利的地位。在全球产业竞争的格局中，我们可以明显观察到中国数字经济在某些领域超越了传统工业社会，其模式、路径、动因和进程都展现出独特性。中国的数字经济发展模式不仅增强了发展中国家的信心，还为这些国家在特定领域探索具有本国特色的数字经济发展之路提供了启示。

（五）最具创见的思想是数字经济最稀缺的资源

在数字经济领域，信息技术的发展降低了资本的稀缺性。这意味着那些具备创新精神，并能够创造出新产品、新服务和新商业模式的人才在市场资源配置中的作用越来越重要。在这个过程中，最具有创见的思想成为比资本更加稀缺的资源，人力资本的创造力取代了资本的主导地位。因此，创新型人才的重要性比以往任何时候都更加突出。在数字经济中，信息是一个基本生产要素。在网络效应和零边际生产成本的驱动下，数字经济呈现出要素回报递增的规律。这种回报递增的趋势将使领先者持续领先，同时也会使大型企业变得更加庞大。因此，信息在数字经济中的重要性不容忽视，它将成为推动经济增长和创新的关键驱动力之一。拥有更多的信息资源和能力将使企业在竞争中处于更有利的地位，从而收获更高的回报。

（六）数字经济彰显劳动者自主性

信息通信技术的广泛应用不仅提升了生产效率，也提升了交易效率。在数字经济的发展推动下，市场分工不断深化，超级细分工正在逐步实现。这种超级细分工的实现离不开交易成本的显著降低和时空距离的大幅缩短。数字经济为人们提供了更便捷、高效的交易方式，促进了资源、技能和需求的更精细匹配。在工业经济和农业经济中，不断加深的分工被视为提高经济效益的关键机制。然而，在数字经济中，超级细分工不仅能进一步提高经济效益，还能更加凸显劳动者的自主性，使其天赋得到更充分的发挥。劳动者自主性的显现将引发数字经济组织和形态的深刻变革。超级细分工还将推动组织向去中心化的方向发展，孕育出数字经济的新经济生态。这种去中心化的组织形式将赋予个体更大的自主权和决策权，促进更多的创新和创业活动。

（七）数字经济发展加速产业融合

在产业层面上，数字经济将逐步渗透、弥漫并渗入各个产业的领域，促使产业融合在数字经济中更加深入，最终导致传统产业的边界逐渐模糊。数字经济对产业渗透和融合的过程具有一定的顺序性，尤其在发展中国家，这表现得十分明显。这种顺序性与国家的工业体系发展水平息息相关，也与传统产业对信息的时效性、准确性和完整性的需求密切相关。在中国传统产业信息化的进程中，多个产业将逐步融入数字经济的浪潮之中。数字经济对产业的全面融合将引发生产方式的根本性变革。相较于传统的工业经济，产业边界在数字经济中变得更加模糊。数字经济注重信息资源的获取与利用、产业链上的协同分工。全面融合将使得"信息密集度"成为衡量产业发展的重要指标。产业边界的淡化，对全球产业分工格局将产生重大的影响。

（八）数字经济需要适应性的新规则体系

数字经济的兴起为人们带来了创新、效率和多样选择等积极方面的影响，也为人们的全面发展提供了机遇。然而，与历史上出现的制度一样，数字经济也存在一些潜在的问题和挑战。第一，财富可能进一步集中；第二，数字鸿沟可能会加深，一些地区和人群可能无法享受到数字经济带来的好处，导致信息落差的扩大；第三，隐私问题也将成为一个突出的关注点，个人隐私容易受到侵犯；第四，信息技术的风险和安全问题也变得全球化，网络安全威胁日益增加；第五，数字经济也可能导致赢者通吃和垄断行为的加剧，可能出现部分企业获得巨额利润的情况；第六，数字经济的兴起也可能引发国际贸易规则的变革和重新调整。因此，在推进数字经济的发展过程中,我们需要认识到这些问题,并采取相应的措施来应对这些挑战。

为了迎接这些挑战,我们需要建立一套适应数字经济特点的新规则体系,涉及创新、税收、反垄断、国际规则、信息技术风险和安全等多个方面。数字经济对经济监管理论和理念也提出了新的挑战。

第三节　数字经济的兴起与沿革

数字经济的发展与数字技术或信息技术的发展历程息息相关。从20世纪90年代至今，信息技术引领新一轮科技革命不断推动技术演进并创造出新的产品，不论是电子计算机的发明，还是互联网诞生和普及带来的广泛连接性，又或是近年来兴起的大数据等新兴技术所预示和导向的智能化前景，都推进着数字经济的演化和发展。

技术与产业、创新与资本、渗透与融合互相推进，不断迸发出新的活力，这推动着数字经济经历了三轮层层递进的发展阶段。随着电子计算机的发明和几轮产品形态的演变，"0—1"数字化的出现引发了数字经济的第一轮浪潮；因特网、移动互联网的发展普及引发了数字经济的第二轮浪潮；近年来全球范围内数字技术的深度跨界融合正在引发数字经济的第三轮浪潮。

一、数字经济的发展历程

20世纪90年代，全球经济表现平平，美国却保持了持续快速发展。截至2000年底，美国实现了连续118个月的增长，创造了连续增长时间最长的历史纪录。这种高质量的增长在资本主义发展史上难得一见，诸多不同于以往发展模式的新特征显现出来。这首先体现在驱动增长的要素中出现了现代信息通信技术——20世纪90年代是信息通信技术革命如火如荼、互联网正式开启商业化进程的年代。罗伯特·赖克是美国前劳工部长，其在一次讲话中指出，计算机和互联网在美国这一经济增长周期中贡献了70%的增长。[①] 信息传输方式和交互方式的改变，以及商品流通和交易方式的转变，都归功于互联网所带来的比特流，即由数字"0"和"1"构成的流动。这种商业化转变展现出了数字经济的强大活力，并引发了广泛的关注。

---

① 搜狐.DDE最新预判！区块链正在引领第四次工业革命[EB/OL].（2020-01-08）[2023-03-19].https://www.sohu.com/a/365536485_99920467.

（续表）

　　1995年，一本名为《数字经济》的著作出版，其作者是加拿大商业策略大师唐·泰普斯科特，他被认为是最早提出"数字经济"的人物。在接下来的发展中，一系列相关著作问世，进一步推动了数字经济理念的普及。这些著作详细阐述了数字经济对经济、社会和文化的影响，引起了广泛关注。随着这些理论的传播和影响力的增强，各国政府也开始将发展数字经济作为促进经济增长的重要手段。越来越多的国家意识到数字经济的巨大潜力和带来的机遇，纷纷制定相关政策和举措，以推动数字经济的发展。1997年，日本通产省首次采用了"数字经济"，这个词汇标志着数字经济的概念正式登上了日本的舞台。从1998年开始，美国商务部开始持续关注这个与互联网技术密切相关的"新经济"现象。进入21世纪以后，世界各国纷纷制定数字经济战略，特别是由于2008年国际金融危机的爆发，一些国家希望通过发展数字经济复苏经济。

　　我国尽管高度重视信息通信技术，但在工作推进中，更常使用其他概念，如"两化融合""信息化""信息产业""金字工程"，这些概念在描述我国的数字经济发展和信息技术应用方面起到了重要的作用。2015年，《政府工作报告》首次提出了"互联网+"的概念。在2016年的一些重要活动中，如世界互联网大会，数字经济获得了广泛关注和展示其独特魅力的机会。随后，2017年的《政府工作报告》首次正式提出数字经济的概念，为其发展开启了新的篇章。

（一）电子计算机开启的"0—1"世界

　　如表1-3-1所示，为计算机演进史。自从1946年世界上第一台电子计算机埃尼阿克（ENIAC，Electronic Numerical Integrator and Computer）问世以来，通过存储器记载虚拟的信息成为可能，信息的普遍数字化成为趋势，人类进入了"0—1"的世界。20世纪60年代至70年代，大规模集成电路（LSI，Large-Scale Integration）的发展为计算机的发展和普及提供了硬件上的可能性，电子计算机发展进入大型机和小型机时代。IBM公司是计算机时代的霸主，被称为"蓝色巨人"。第二次世界大战之后，IBM由军用技术转向民用技术，也将市场从政界、军界、学界逐渐拓展至广大的民用市场，于20世纪60年代至80年代分别开发了经典的IBM360/370系列和IBM4300系列。此时IBM不论是在技术上还是市场上都是现代电子计算机世界的巨人，开启了商业计算机的时代，而此时的"0—1"世界范围还是十分有限的，并且传播也受限。

表1-3-1 计算机演进史

年代	计算机	发展水平
1946—1957	第一代电子管计算机	主要元器件是电子管，这是计算机发展的初级阶段，运算速度较低、耗电量大、存储容量小，一般用来进行科学计算
1958—1964	第二代晶体管计算机	主要元器件是晶体管，这时候的计算机体积较小、耗电较少、运算速度提高、价格下降，不仅用于数据处理和事务管理，并逐渐用于工业控制
1965—1971	第三代中小规模集成电路	主要元器件是中小规模集成电路，这时候的计算机体积进一步减小，可靠性及速度进一步提高，应用领域拓宽至文字处理、企业管理、自动控制、城市交通管理等方面
1972年至今	第四代大规模和超大规模集成电路计算机	主要元器件是大规模及超大规模集成电路，这时候的计算机性能大幅度提高，价格大幅下降，广泛应用于社会生活各个领域
未来	第五代具有人工智能的新一代计算机	具有推理、判断、决策、学习等功能，将人从重复、枯燥的信息处理中解脱，改变我们的工作、生活和学习方式，给人类和社会带来更大的生存发展空间

但此时的计算机仍然是笨重、庞大且昂贵的，而且IBM的计算机售价都在百万美元以上，不可能进入寻常百姓家。1976年，史蒂夫·乔布斯（Steve Jobs）、斯蒂芬·沃兹尼克（Steve Wozniak）、韦恩（Wayne）白手起家开发出了Apple-I，这台被认为世界上第一台通用的和可商业化的个人电脑的问世对IBM和微软的产品都起到了重要的催化作用。20世纪80年代，IBM组织独立的开发团队采用英特尔芯片和第三方软件开发出IBMPC5150，微软为其配套开发的DOS操作系

统也开始崭露头角，个人电脑时代真正开启。随着微软的 Windows 操作系统和英特尔 80286、80386、80486 等芯片的问世，个人电脑市场逐渐成熟，并从台式计算机向笔记本电脑演变，微软英特尔组合的 Wintel 帝国成为个人电脑特别是笔记本电脑时代的新霸主。

数字经济发展的起步阶段必然是信息的数字化。早期的数字化就是从口头或纸质媒介记载的信息变为存储器计算的"0—1"语言，这种指令化语言更便于人们对数据和信息的加工和处理，具备可复制、格式化、跨越空间和时间等特点，提高了信息的快速传播和准确处理，并且将人类从一部分重复计算的脑力劳动中解放出来，使人们得以进一步加强对知识和创新的关注。

（二）互联网开启的虚拟世界

如果说电子计算机的出现实现了信息存储和处理方式的变革，那么互联网的出现则完全开启了一个新的时代，人类的经济社会活动似乎有了一个虚拟化"映射"，从现实世界投影到了一个虚拟的世界。这个虚拟世界不仅改变了现实世界的信息形态，并且通过大量的软件和信息服务创造了多种多样的语言和图形等信息表达形式，不断丰富和完善着数字经济的世界。

20 世纪的最后 10 年，互联网的普及成为改变一切的源头。因特网（Internet）异军突起，没有人预测到 ARPA（阿帕网）能够在不到 30 年的时间内实现从军事领域、4 所高等学府被推广到普通公众的桌面上。这既得益于 TCP/IP 对网络上数据传输的标准化，推动实现了网络设备（交换机、路由器等）、各种类型的连接链路、服务器和不同的计算机等终端之间的连接，使因特网的商业用户在 1991 年第一次超过了学术界用户，同时也得益于新颖的检索方式和商业模式。20 世纪 90 年代出现了便捷的网页浏览器和搜索引擎，方便了公众搜索信息，随后出现的大量商业化软件，更是将公众的信息处理需求显化，互联网信息服务不断丰富，至此，桌面互联网连接的数字世界形成。[1]

进入 21 世纪以来，随着移动通信技术的迅猛发展、移动通信设备的推陈出

---

[1] 汪向东. 中国：面对互联网时代的"新经济"[M]. 北京：生活·读书·新知三联书店，2003.

新和移动智能终端的快速普及,移动互联网在全球实现了突破性的发展。全球移动互联网的增长速度远远高于桌面互联网的增长速度,从笔记本电脑到手机、智能手机、可穿戴设备、智能家居乃至未来的智能(无人驾驶)汽车等,智能设备和产品都处于持续加速增长状态中,运营商、移动终端制造商、互联网企业和内容提供商们纷纷推出各自的移动互联网战略,抢占移动互联的巨大市场。至此,互联网和移动互联网不仅突破了时间和空间的界限,还创新了信息搜集来源和方式,创造了移动互联的数字世界。

与互联网的迅猛发展相匹配的是人们对数字经济理解、认识的再升华。20世纪90年代末,美国引领全球再次开启对数字经济的研究,美国商务部关注数字经济的经济影响和政策意义,经济界和未来学家之间对数字经济是否颠覆了新古典经济学为主流的经济学框架产生了分歧,此时中国、韩国、新加坡等国的经济发展也正在改变世界互联网发展格局,越来越多的国家和地区参与到数字经济的发展事业中。

(三)大数据开启的智能世界

"大数据"概念的快速流行印证了数字经济的新阶段。在20世纪初期,几乎没有人听说过"大数据这一概念",直到2008年《自然》杂志为其开辟封面专栏也没有引起普通大众的关注。彼时"大数据"对政策的影响就更是微乎其微。然而仅几年时间,"大数据"就成为全球最流行的词汇,美国、英国、法国、德国、日本、澳大利亚、加拿大、新西兰、新加坡等国家都纷纷制定出台大数据国家战略,我国也确立了国家大数据战略,发布了《促进大数据发展行动纲要》,明确要将大数据作为国家级战略进行部署、推进。

当前较为公认的"大数据"概念是指一种规模大到在获取、存储、管理、分析方面大大超出了传统数据库软件工具能力范围的数据集合,而维克托·迈尔-舍恩伯格等总结了其"4V"(Volume, Velocity, Variety, Value)特征,即海量的数据规模、快速的数据流转、多样的数据类型和价值密度低四大特征。

"大数据"的迅速蹿红主要源于技术的快速商业化和数据爆炸时代人们的需求渴望。从Gartner技术成熟度曲线可以看出,在众多新兴技术中,大数据的发展已经进入应用发展阶段,正在成为新一代信息技术产业的新兴增长点和支撑点。目前,技术创新和商业模式创新推动大数据的行业应用领域不断发展,大数据产业化的范围和深度持续拓展。2022年我国大数据产业规模已达1.57万亿元,同比增长20.8%,成为推动数字经济发展的重要力量。[①]

大数据直接指向数字经济新时代的核心——海量、多样的数据产生的价值。如果说计算机打开了数字化的世界,互联网开启了虚拟的世界,那么大数据将可能与云计算、人工智能以及众多新兴技术一起,为人类打开通向未知的智能世界的大门。大数据强调浩大信息量的价值提取,超越了传统的统计与计量方法,可能带来人类对经济、社会认识方法论的改变。

二、数字经济的快速发展

近年来,"数字经济"无疑是中外政经高层聚焦的热词之一。从全球影响力来看,G20和OECD等国际机构发表重要倡议,全球主要经济体积极响应,纷纷加入推动消灭数字鸿沟和分享数字红利的全球化事业中去;从国际经贸合作看,中国和美国正在以"数字经济"为关注点,探讨和开启数字经济时代全球商贸的新模式。

这些事件发生的时间如此贴近并不是巧合,在新一轮科技革命持续发酵和全球经济社会形态持续演变的今天,全球如何对待和调动数字经济的能量,我国又如何做好数字经济的前瞻性部署,将对我国和全球经济与社会带来深远影响。

(一)G20新倡议的提出"数字经济"

2016年9月,G20领导人峰会在中国杭州举行,这是中国加入G20以来首次主办的领导人会议,引起了全球的广泛关注。诞生于金融危机的G20,首要任务就是通过全球主要经济体领导人的沟通和会晤,避免人类历史大危机上的单兵作战,提出"以邻为壑"的经济决策,通力合作,共同推动全球经济的持续健康发展。

---

① 前瞻产业研究院.2023—2028中国大数据产业发展前景与投资战略规划分析报告[EB/OL]. [2023-03-19].https://bg.qianzhan.com/report/detail/7cace65cf7034007.html.

在此形势下，G20 杭州峰会认为当前的政策难以支撑世界经济的中长期增长，因而应当转变思路，采取更大胆、更有效的政策推动经济增长方式的创新。G20 首次提出全球性的《二十国集团数字经济发展与合作倡议》（后简称《数字经济倡议》），认为数字经济将提供新角度和新思维，强调要通过推动新工业革命的技术、要素和组织变革，提高全要素生产率和潜在增长率，提升中长期增长潜力，开启世界经济增长前景的全新评价和发展模式。

《数字经济倡议》开启了中国与主要的国家和地区对话的新窗口，坚信数字经济将持续发挥在经济发展中的引领和主导作用。G20 强调通过营造开放、安全的政策环境，关注宽带接入、ICT 投资、创业和数字化转型、电子商务合作、数字包容性、中小微企业发展等数字经济发展与合作等关键领域的数字经济发展潜力。同样在 2016 年，OECD 也召开了部长级会议，其关注点在于开放的互联网、数字鸿沟、数字技能普及、研发创新、商业新机遇等。这些都表明发展数字经济已成为全球共识。

（二）中美商贸带动数字经济发展

2016 年 11 月，第 27 届中美商贸联委会在美国召开。中美经贸的重点不再仅是传统的农业和相关经贸政策，而是应美国要求正式提出的"数字经济"这一议题，由中国副总理和美国商务部部长、贸易代表领衔来自政界、学界和企业界的 100 余名中美代表共同商讨数字经济的未来。

在数字经济的发展过程中，存在着数据本地化存储、数据所有权、隐私与安全等未解决的问题，且这是普遍存在的。仅从中美信息领域的经贸合作看，美国是我国电子信息贸易的第二大出口国家和地区，也是我国电子信息贸易的第五大进口国家和地区。在主要工业产业中，信息产业是我国对美贸易顺差第一大行业。从数字经济的未来发展来看，中美双方可以开展网络空间治理合作、基础软硬件合作、智能终端产业合作、互联网服务合作以及云计算、物联网、大数据、网络安全等一系列合作，鼓励类似中美数字经济合作协会等组织建立民间合作新机制，并通过合作创新推动全球数字经济的蓬勃发展。

在中美企业家数字经济研讨会上，中国表现出开放包容的风范：一方面，中国肯定了数字经济对于全球经济发展的驱动力作用,倡议加快建立数字经济相关议题的国际规则,并明确表示中国一直致力于搭建国际互联网共享共治平台等国际合作规则的工作,中国将始终是全球数字经济合作的重要参与者;另一方面,中美之间应当通力合作,推动形成开放、包容的数字经济发展环境,使两国企业和人民受益。

三、数字经济的创新发展

(一)数字经济下的区块链与人工智能

1.数据成为数字经济的生产资料

蒸汽技术革命时期,煤炭是主要生产资料;电气技术革命时期,石油和电是主要生产资料;随着互联网和大数据时代的到来,数据变成了重要的生产资料。

在互联网、大数据、区块链、人工智能等技术的发展过程中,技术新概念是从未间断的,但万变不离其宗,这些技术本质上都是信息技术。信息技术构建了人类数字化的生活方式,从衣食住行到工作环境和商业活动,包括社交网络、电子商务、虚拟现实游戏等。所有人类在物理世界的行为活动被映射到数字世界,都是被数字化的过程。经过这个过程,行为活动最终被刻画成数据并存储在数据库中。

数据,作为一种重要的生产要素,已经全面渗透到现代社会每个行业和业务职能领域。数据从经济分析的假设条件脱离出来,作为数字经济时代最重要的生产资料之一参与到价值创造的过程中,这是一个缓慢的由量变到质变的过程。数据不同于其他生产要素,其自身可呈现出非实体化、分散化、多样化、规模化、时效化等特征。离散的静态数据本身并没有太多价值,我们只有通过有效的手段提炼、分析,才能够让大数据点石成金。在数字经济活动中,真正有价值的是数据提炼、挖掘和分析,而不是数据本身。

在数字经济活动中,我们可以进一步将生产资料划分为数据、信息和知识。数据是对事物的客观描述进行抽象表示的方式,适用于人工或自然环境中的保存、传递和处理。数据包括对事物数量、属性、位置以及它们之间的相互关系的记录。

数据通常包括个人属性数据、个人行为数据、聊天记录、网页内容、打电话记录、论坛评论、网络消费数据、社会关系、行程记录以及机器产生的各类指标等；信息是经过加工处理的数据流，具有一定含义和逻辑，并且具有时效性和对决策有价值的特点。例如，北京、天气、暴雨、闷热、时间等是数据，"今天北京下暴雨，非常闷热"是信息；知识是通过归纳、演绎、比较和解读等方法对信息进行挖掘和分析的过程。在这个过程中，有价值的部分被筛选出来，并可与已有的人类知识体系相结合。通过这种整合和沉淀，这些有价值的信息就转变成了知识。例如，有人通过"某日北京下暴雨，导致交通和下水道堵塞"等信息，结合自己的思考，写出了一篇名为《对北京暴雨灾害的管理反思》的文章。那么，这篇文章可以被认为是知识，而且具有版权。

简单来说，数字社会中，数据包括简单的数字、文字、图像等；信息是经过加工后的数据，是一种有背景的数据、有价值的数据；知识是经过提炼、推理和解读后形成的有规律和经验的信息，如电子书籍、原创音乐、电影等。在人类向数字世界迁徙的过程中，数据、信息和知识共同组成了生产资料，成为数字经济活动的"物质"基础。

2. 人工智能提升生产力

人工智能是描述计算机模拟智能行为的科学，它需要使智能机器和计算机程序表现出人的行为特征，包括知识、推理、常识、学习和决策，并根据人类智能的方式进行学习和解决问题。技术创新与变革通常能够带来生产力的发展，正如互联网让人类打破空间限制，实现了"千里眼、顺风耳"。而人工智能也将掀起新的生产力变革，提升生产效率。

人工智能会为人们提供帮助，让人们更高效地完成各类工作任务。例如，在人工智能客服情景下，人工智能技术能够完成最初期的问题归类，它不会彻底取代呼叫中心的人类员工，但是能节约呼叫者的等待时间和解决大部分常见的问题。微软"机器人"小冰通过微博等平台担任实习面试官，自行对微软（亚洲）互联网工程院的人工智能组招募的实习生进行面试。在十几个小时里，小冰完成面试初筛12 000多人，其中超过3500人通过面试，进入下一步人事流程。除了小冰变身面试官之外，许多"机器"开始服务人类，甚至在一些生活或工作场景下，一些"机器"已经能够取代人类。这表明目前的人工智能相关技术已经发展到可以使机器代替人类完成某些工作及做出某些决策的阶段了。

实际上,未来将有很多简单重复的脑力劳动被人工智能取代。不仅是电话客服人员等对脑力要求不高的普通岗位,就连诸如放贷员、证券交易员等看似高端的岗位,都有可能被人工智能取代。在翻译和速记领域,一些软件正在将人工智能技术应用于实时翻译。简单劳动从业者将面临人工智能的极大竞争。微软推出了演讲实时翻译字幕功能,可以对演讲者播放的幻灯片中的字幕进行实时翻译。虽然高深的文学翻译暂时难以被取代,但是普通翻译人员和速记员的职业将面临威胁。

当人工智能发展到一定阶段、机器具有一定智能之后,在面对同样任务时,机器势必会比人类完成得更加出色。其原因一方面是机器天然具有优于人类的计算能力,另一方面是机器在处理任务和做决策时不会受情感所影响。人工智能为人类提供了智能化的工具,这些工具能够提高生产效率,并促使人类开发出更多更好的工具以满足自身的数字经济活动需求。由于人工智能将提高生产力和产品价值并推动消费增长,零售业、金融服务和医疗保健将是最大的受益行业。到2030年,随着人工智能驱动消费大幅上升,产品性能将得到进一步的完善,消费需求与行为将随之转变,人工智能的发展将带动全球GDP(国内生产总值)增长14%,其中逾一半来自生产力的提升。人工智能的出现和发展不是要颠覆人类,而是帮助人类提高生产力和生产效率,促进数字社会经济的发展和进步。

(二)智能化数字经济趋势

1. 分布式商业

分布式商业以多方参与、共享资源、智能协同、价值整合、模式透明等为主要特征,提倡专业分工和价值连接,通过预先设定透明的价值交换或合作规则,使分工及集群后的新商业模式产生强大的力量。随着分布式技术的成熟,分布式商业逐渐兴起。

一方面,以分布式架构为基础的云计算技术已经得到了广泛的应用,为海量用户提供了具备云端化、移动化、场景化等特点的产品与服务,区块链技术、分布式账本技术及其相关的分布式一致性算法等也走上了舞台，成为前沿科技的核心代表。为了实现共享与透明规则，分布式商业以开源为主要特征的分布式技术得以发挥最大优势，多方参与、对等合作与共同发展的商业模式需要多中心、去中介的思维模式和技术架构。

另一方面，具备多方参与、专业分工、对等合作、规则透明、价值共享、智能协同等特征的新一代分布式商业模式的兴起与涌现，是社会结构、商业模式、技术架构演进的综合体现。区块链的信任机制实现了多个参与方对透明和可信规则及客观信息技术的信任。

2. 可编程经济

目前，互联网迅速发展，云计算、大数据、移动交流、社交网络、物联网、区块链等技术相互作用，所创造出的业务交易、人机交易、机机交易的互动方式，正从根本上改变商业的业务模式。数字化流程和协议使任何资产交换的商品化成为可能，互联网也正在用这种新方式创造出"数字货币"。这是人们一般理解的"可编程经济"。全球最具权威的IT研究与顾问咨询公司高德纳也提出了"可编程经济"的概念，将其定义为嵌入智能基因的新经济系统，能自主支持和管理商品服务的生成、生产及消费，并支持多种价值在不同场景下的匿名、加密交换。

例如，运动用品制造商将一些传感器安装到运动鞋上，将消费者每天跑步的里程、消耗的热量通过移动应用或健身追踪监视设备传到公司，消费者可用跑步的里程来换取购买新鞋的折扣；某公司生产的一款智能洗衣机针对其部件损坏情况，具有自动联系检修的功能；还有原理类似的智能冰箱针对冰箱牛奶的储藏情况，具有自行订购功能。

"可编程经济"是产品和商业模式的可编程和数字化，特别是区块链带来的智能合约技术将商业活动规则以代码形式写入区块链并实现了自动化执行。"可编程经济"的客户体验的是通过工业、商业、金融业等产业深度融合而成的生态系统提供的服务。

3. 产业价值互联网

互联网的出现，使信息传播手段实现了飞跃。信息可以不经过第三方，点对点地实现在全球范围的高效流动。信息与价值往往密不可分。在人类社会中，价值传递的重要性也与信息传播不相上下。区块链的诞生，助力人类构建产业价值传输的互联网。区块链旨在解决信任问题，其作为新的记账方式，能够创造新的交易模式，在分布式共享账本上有多个节点，由去中心化的多方共同维护，建立统一的共识机制保障。任何互相不了解的人之间，都可以借助这个公开透明的数据库的信任关系，完成端到端的记账、数据传输、认证以及合同执行。如果区块链运用到位，用户无须自己建立或维系任何第三方中介机构，就能实现自由支付。

在区块链技术的背景下，产业价值互联网将使人们在网上像传递信息一样方便、快捷、低成本地传递价值。这些价值可以表现为资金、资产或其他形式。产业价值互联网的商业模式能够通过传统企业与互联网的融合，寻求全新的管理与服务模式，为消费者提供更好的服务体验，创造出更高价值的产业形态。在数字时代，个人和企业都需要适应时代变革，将资产转向数字化，并利用互联协作来扩大数字化资产的应用，以增加收入，并通过打通上下游，站在产业价值的角度重塑企业核心竞争力，从而形成一种生态。产业价值互联网能通过在研发、生产、交易、流通和融资等各个环节的网络渗透提升效率、优化资源配置，同时也能够传递价值。

第四节　数字经济的推动性意义

一、高速泛在的信息基础设施基本形成

电脑网络已经成为支撑数字经济的重要基石。目前，中国在宽带用户数量、固定宽带网速和网络能力等信息基础设施方面取得了基本建设成果，实现了网络连接和服务普及化的目标。这一进展为数字经济的发展提供了坚实的基础。中国的宽带网络规模不断扩大，越来越多的人能够享受到快速稳定的网络连接，这为数字经济的蓬勃发展提供了有力支持。此外，中国还积极推动网络基础设施的创新和提升，不断提高网络服务的质量扩大覆盖范围，进一步促进数字经济的繁荣。

（一）宽带用户规模不断扩大

根据调查数据显示，截至 2022 年 5 月末，中国的基础电信企业包括中国电信、中国移动和中国联通，固定互联网宽带接入用户总数达到了 5.59 亿户，较去年年末增加了 2000 多万户；拥有 1000Mbps 及以上接入速率的固定互联网宽带接入用户达到了 5000 多万户，较去年年末增加了 2000 多万户；拥有 100Mbps 及以上接入速率的固定互联网宽带接入用户达到了 5.23 亿户，占总用户数的 93.6%，较去年年末提升了 0.6%。[1]

（二）网络能力得到持续提升

截至 2021 年 6 月底，我国光纤接入（FTTH/O）用户已超过 4.8 亿户，在固定宽带用户中占比 94.1%，成为全球光纤接入引领者。百兆及以上速率固定宽带用户 4.7 亿户，在固定宽带用户中占比 91.5%，较上年末提升 1.7%。[2] 通过进一

---

[1] 中华人民共和国国家发展和改革委员会.2022 年通信业经济运行情况之二十一 固定宽带接入用户数稳步增加 千兆用户超五千万[EB/OL].（2022-07-29）[2023-03-09].https://www.ndrc.gov.cn/fgsj/tjsj/cxhgjscyyx/202207/t20220729_1332421_ext.html.

[2] 中国信通院.《中国宽带发展白皮书（2021）》[EB/OL].（2021-09-29）[2023-03-21].http://www.caict.ac.cn/kxyj/qwfb/bps/202109/t20210928_390590.htm.

步优化骨干网架构，网络间的疏导能力得到了显著提升，用户体验也得到了极大的改善。

（三）固定宽带实际下载速率提升

网络速率有很大提升。用户在下载文件时能够享受更快的速度，这进一步提升了网络的效能和用户体验。在2021年第四季度，固定宽带用户进行文件下载时，平均下载速率达到了62.55Mbit/s，相较2021年第三季度提高了3.30Mbit/s，季度环比提升5.57%；相较2020年第四季度提高了9.20Mbit/s，年度同比提升17.24%。固定宽带下载速率方面，上海、天津、北京超过了63Mbit/s，位列全国前三位，辽宁、江苏紧随其后。移动宽带用户通过4G和5G网络进行文件下载时的综合平均下载速率为59.34Mbit/s，相较2021年第三季度提高了8.73Mbit/s，季度环比提升17.25%；相较2020年第四季度提高了25.57Mbit/s，年度同比提升75.72%。[①]

（四）网民规模与日俱增

截至2022年6月底，中国网民规模达10.51亿，较2021年12月新增网民1919万；互联网普及率达74.4%，较2021年12月提升1.4%。网民人均每周上网时长为29.5个小时，网民使用手机上网的比例达99.6%。[②]

二、数字经济成为国家经济发展的重要引擎

在驱动经济快速增长的同时，数字经济不仅能促进全球贸易，还能提高经济增长的质量，加快实体经济的转型升级，有利于创业创新和节能减排。

（一）促进实体经济转型升级

数字经济是一种具有融合性和赋能效应的新型经济形态，它在自身快速发展

[①] 宽带发展联盟.中国宽带速率状况报告 第26期[EB/OL].（2022-04-15）[2023-03-25]. http://www.chinabda.cn/article/252782.

[②] 中华人民共和国中央人民政府.第50次《中国互联网络发展状况统计报告》发布[EB/OL].（2022-09-01）[2023-03-25].https://www.gov.cn/xinwen/2022-09/01/content_5707695.htm.

的同时，还具备推动传统产业资源优化配置、促进产业结构调整以及实现转型升级目标的能力。数字经济的兴起实现了传统产业与先进技术的深度融合，激发了创新潜能，提升了生产效率，拓展了市场空间。通过数字化、智能化和网络化的方式，数字经济创造了新的商业模式和价值链，为经济增长注入了新动力。同时，数字经济也为个体创业和就业创造了更好的机会，推动人才培养和创新能力的释放。在2016年4月19日的网络安全和信息化工作座谈会上，习近平主席强调了互联网与实体经济深度融合发展的重要性。这一深度融合模式以信息流为核心，同时促进技术、资金、人才和物资的流动，从而实现资源的优化配置。①

制造业作为国民经济的主体，在实施"互联网+"行动和推动数字经济发展方面扮演着重要角色。数字经济为制造业带来了智能制造的机遇。通过数字化技术的应用，制造业可以实现生产过程的智能化监控和管理，进而提高生产效率和质量控制。同时，数字经济还推动了制造业与物联网、人工智能等技术的融合，实现了智能工厂和定制化生产，提升了制造业的竞争力。新一代信息技术正在与传统制造业进行全方位、深度的融合，成为推动传统制造业数字化转型的动力源泉。通过与新技术的结合，制造业可以实现生产流程的智能化、生产效率的提升、产品创新的加速，进而能推动整个产业向数字化转型迈进。我国的制造业转型发展取得了显著成效，制造业的数字化、网络化、智能化水平显著提高。

（二）促进创业创新

目前，各国政府对创业的关注度不断增加。为了增强国家的竞争力并创造就业机会，各国积极出台激励创业的政策，以支持新兴创业企业，推动产业竞争力的提升。各国政府纷纷认识到创业的重要性，因此制定了一系列措施，鼓励和支持创业者。很多国家加大了对学生数字技能和创业培训的培养力度。例如，欧盟成员国从初等教育到高等教育都加入了创业观念。为了提高青年人的数字技能水平、扫除创业的技术障碍，17个国家已经在学校核心课程中引入了信息通信技术；

---

① 中华人民共和国国务院新闻办公室.着力推动互联网与实体经济深度融合发展[EB/OL].（2016-05-06）[2023-04-03].http://www.scio.gov.cn/video/qwjd/34146/Document/1476570/1476570.htm.

16个国家计划在核心课程中介绍创业技能，或者要求学生通过创业技能考试。

在新一轮科技革命和产业变革的带动下，特别是在政府的大力推动下，我国正在数字经济领域掀起一股新的创业创新浪潮，涌现出众多充满活力的创业企业、创业投资和创业平台。创业群体迅速壮大，创业创新的热潮席卷全社会。数字经济的蓬勃发展催生了一批具有巨大潜力的互联网企业，它们成为激发创业创新和推动就业增长的重要动力。

（三）促进绿色发展

信息通信技术在促进绿色发展、节能减排方面发挥着重要作用。首先，将信息通信技术应用于其他产业领域，也能实现更大规模的节能效果；其次，信息通信技术的发展本身有助于降低社会经济活动对资源的消耗，进而减少生产过程中的能源消耗。

据国际电信联盟（ITU）推测，将信息通信技术应用于其他行业能实现显著的节能效果，此外，信息通信技术在全球范围内已减少15%~40%的碳排放。[1]为实现节能降耗的目标，美国能源部将工业无线技术列为未来工业计划的重点。同时，美国总统科技顾问委员会指出，应用工业无线技术将能够提高工业生产效率10%，同时降低25%的排放和污染。[2]

（四）促进就业

目前，各地区和各行业正积极推动数字经济的发展，为传统线下业态的数字化转型提供支持，同时促进新兴产业、新兴业态和新商业模式的规范健康发展，从而创造更多的就业机会于数字经济领域。根据相关报告，中国电子商务已经成为超过5%的就业岗位来源，数字职业数量达到43个，预计到2025年，数字经济将为就业人员提供3.79亿个机会。据中国人民大学发布的报告估算，仅阿里巴巴经济生态系统所带来的就业机会就超过6000万个。数字经济蓬勃发展已经成

---

[1] 潇湘晨报.新视野 | 构建新型数字经济制度体系 [EB/OL].（2022-05-10）[2023-03-23]. https://baijiahao.baidu.com/s?id=1732408301676270945.

[2] 叶正旺.分簇无线传感器网络内部安全关键技术研究 [M].长春：吉林大学出版社，2019.

为中国就业的新动力，新兴行业催生了新的职业需求，而新技术的引入则进一步推动了就业增长。[①]

互联网降低交易成本，为难以找到工作或生产性投入的人带来更多机会，女性、残障人士和边远居民都能受益。从就业方式来说，就业者可以摆脱时间、空间束缚，获得更大自由。就业场所可能不再是工厂企业，而是虚拟网络组织；就业组织形式也可能不再是项目制、合伙人制，而是自由职业的形式，人的个体价值被更自由地激发、流动和共享。

数字化的进步可以提升人们的幸福感和社会福祉。根据世界经济论坛对34个经合组织成员国的调查结果显示，每提高10%的数字化程度，可以使幸福指数提升约1.3%。[②] 因此，数字化的发展对于社会的幸福度有着积极的影响，并且数字化越深入，其带来的幸福感提升效果越明显。

三、数字经济在生产生活各个领域全面渗透

针对当前的经济结构调整和产业转型升级趋势，中国数字经济也发挥着积极的推动作用。目前，工业云服务、大企业双创、企业互联网化、智能制造等领域的新模式、新业态正不断涌现。

（一）渗透入传统产业

中国政府发布的《积极推进"互联网+"行动的指导意见》明确了人工智能、绿色生态、便捷交通、电子商务、益民服务、现代农业、创业创新、高效物流、普惠金融、协同制造、智慧能源11个关键领域在"互联网+"行动的重点方向。数字经济正在加速推动传统产业实现转型升级，为经济发展注入新的活力。例如，在制造业领域的核心区域长三角和珠三角地区，正加快3D打印机、工业机器人等新装备和新技术的应用。同时，新兴技术和生产方式，如物联网、云计算、大数据等也开始被广泛应用。青岛红领、沈阳机床、海尔集团等企业在智能制造领域的探索取得了初步成果。三一重工、华为等中国制造业巨头已经稳步进入全球产业链的中

---

① 敖蓉.培育数字经济就业新动能[N].经济日报，2023-03-01（7）.
② 闫德利.数字经济：开启数字化转型之路[M].北京：中国发展出版社，2019.

高端领域，其通过引领先进技术和拥有全球视野，成功打造出国际知名品牌。

（二）数字经济开始融入城乡居民生活

截至2022年6月，我国网络支付用户规模较2021年12月增长81万，占网民整体的86.0%。网上支付场景不断丰富，大众线上理财习惯逐步养成。2022年第二季度，银行共处理网上支付业务250.98亿笔，同比下降0.37%，金额612.77万亿元，同比增长1.25%；移动支付业务385.23亿笔，金额121.58万亿元，同比分别增长4.09%和3.80%。[①]

共享单车市场呈现多强竞争姿态，单车企业尝试通过多种方式拓展营收来源，并开始提供免押金服务以规避风险。网约车行业出现跨界融合现象，平台企业围绕出行服务领域进行全面化布局，由单一业务开始向平台化生态拓展。互联网的广泛应用已经深入到公共服务领域，为提高公共服务水平、促进民生改善和社会和谐，发挥了强大的作用。互联网的普及性、便捷性和共享性等特点使得公共服务更加普惠和便利，使人们能够更方便地获取各类公共服务。[②]

（三）数字经济正在变革治理体系

数字经济的发展引入了新的产业、业态和商业模式。数字经济为政府提供了运用云计算、大数据等信息技术的机会，以提升监管水平和服务能力。数字经济的发展对监管体系的创新和完善产生了倒逼作用。一方面，政府采取了一系列举措，如推动社会信用管理、制定网约车新政策、规范互联网金融发展、加快推进电子商务立法等。这些措施旨在适应数字经济的快速发展和变化，确保监管体系与时俱进。另一方面，数字经济的快速发展推动了政府部门加快改革，以适应实践发展的需求。政府采取了一系列措施，如建立"一号一窗一网"公共服务机制、降低准入门槛、健全事中事后监管、完善商事制度、建立市场清单制度等。这些举措为数字经济的发展创造了良好的环境，促进了数字经济蓬勃发展。

---

① 2022年中国网络支付用户规模分析[EB/OL].（2023-01-04）[2023-03-25].https://baijiahao.baidu.com/s?id=1754093621175781179&wfr=spider&for=pc.
② 中国互联网信息中心．第42次《中国互联网络发展状况统计报告》[EB/OL].（2018-08-20）[2023-03-25].https://cnnic.cn/n4/2022/0401/c88-767.html.

1. 互联网显著提升有效供给能力

这是供给侧结构性改革的重点。互联网与传统产业的深度融合也为产业组织、商业模式和供应链管理带来了创新，极大地提升了生产运营和组织效率，推动了传统产业的升级。同时，通过实施"三去一降一补"五大任务来扩大有效和中高端供给，减少无效和低端供给。通过充分利用互联网的力量，传统产业得以转型升级，实现了生产方式的优化和效率的提高。这一融合发展的过程为社会带来了巨大的机遇和挑战，同时也为经济增长和创新发展注入了新的活力。

2. 互联网适度扩大总需求

这是供给侧结构性改革不可或缺的重要组成部分。随着我国进入中等收入阶段，人们对个性化定制生产和销售的需求日益增多。互联网的普及和广泛应用不仅在各个领域中促进了创新和发展，还为市场和消费者带来了巨大的变革和机遇。通过互联网的融合，消费者能够享受到更高质量的产品和服务，以及更加便捷和多样化的业态选择。同时，"互联网+"行动和《中国制造2025》的推进实施，将有效带动新一代信息基础设施的投资建设，加快智能制造、智能产品创新等一批"互联网+"重大工程落地，扩大有效投资。

3. 互联网推动低水平供需平衡向高水平供需平衡的跃升

供给侧结构性改革的核心目标是优化供给质量，以满足不断增长、不断升级和个性化的生态环境需求和物质文化需求。互联网的快速发展，能够推动供给结构由低端供给向高端供给发展、需求结构由生存型需求向品质型需求转变，能够解放和发展社会生产力，用改革的办法推进结构调整，增强供给结构对需求变化的适应性和灵活性，提高全要素生产率。

四、数字经济推动新业态与新模式不断涌现

中国数字经济的后发优势强劲，快速发展的互联网和正在转型升级的传统产业相结合，将会迸发出巨大的发展潜力，新业态与新模式不断涌现。

（一）中国在多个领域已加入全球数字经济领跑者行列

最近几年，中国在电子信息产品制造、电子商务等多个领域取得了许多不俗

的成绩和杰出的成就。一些信息技术和互联网企业在全球范围内处于领先地位。中国企业的成绩在这些领域赢得了国际认可，并展示了中国在全球数字经济中的强大实力。

（二）中国分享经济正在成为全球数字经济发展排头兵

最新发布的《中国共享经济发展报告（2023）》显示，我国在2022年全年实现了共享经济市场的稳定增长。根据报告数据，共享经济交易规模达到了约38320亿元，同比增长约3.9%。然而，报告也揭示了不同领域共享经济发展的不平衡情况。共享空间、共享住宿和交通出行三个领域的共享经济市场规模受到多种复杂因素的影响而出现显著下降趋势。具体而言，共享空间市场规模同比下降了37.7%，共享住宿市场规模下降了24.3%，交通出行市场规模下降了14.2%。在生活服务和共享医疗领域，市场规模同比增长了8.4%和8.2%。与上一年相比，增速分别提高了2.6%和1.7%，展现出持续快速发展的良好态势。[①]

（三）中国电子商务继续保持快速发展的良好势头

2022年全国电子商务交易额达43.83万亿元，同比增长3.5%。全国网上零售额达13.79万亿元，同比增长4.0%；农村网络零售额达2.17万亿元，同比增长3.6%；跨境电商进出口总额达2.11万亿元，同比增长9.8%，占进出口总额的5.0%。此外，电子商务服务业营收规模达6.79万亿元，同比增长6.1%。电子商务从业人数达6937.18万人，同比增长3.1%。

当今，中国电子商务主要呈现四大趋势：第一，电子商务为扩内需促消费提供新动能，推动人民生活水平从全面小康向更高目标迈进；第二，电子商务赋能传统产业创新引领发展，通过优化供需匹配、提高资源配置效率，加快经济内循环，缓解国内经济压力；第三，电子商务在创造新职业的同时也激发劳动者积极性和主动性，助力创造就业改善民生；第四，电子商务在国际合作中发挥作用，鼓励平台企业和实体企业"走出去"，打造中国品牌，增强国际竞争力。

---

① 新华社.报告显示：2022年我国共享经济市场交易规模约38320亿元 同比增长约.9%[EB/OL].（2023-02-23）[2023-03-26].https://baijiahao.baidu.com/s?id=1758624381510575099&wfr=spider&for=pc.

（四）互联网金融进入规范发展的新时期

中国分享经济在网贷领域依然处于高度增长期，领先企业仍保持100%以上的增长。京东众筹于2014年7月上线，短短几年间，8000多家创新创业企业通过京东众筹，成功规划了1万多个创新众筹项目，累计筹资金额超过44亿元，项目成功率超过90%。[①]

五、中国数字经济未来的发展

未来，中国信息基础设施体系将更加完善，数字经济将全方位影响经济社会发展，数字经济市场将逐渐从新兴走向成熟，创新和精细化运营将成为新方向，数字经济总量仍将保持较快的发展。

（一）国家信息基础设施体系将更加完善

根据《国家信息化发展战略纲要》，我国信息化发展要在2025年之前充分应用新一代信息通信技术，建设世界领先的移动通信网络，同时，要实现固定宽带普及率接近国际先进水平的目标。除此之外，还要确保宽带网络的无缝覆盖，建立四个重要的国际信息通道，连接太平洋、中东欧、西非北非、东南亚、中亚、印巴缅俄等国家和地区。到21世纪中叶，先进信息基础设施将为数字经济的发展奠定基础。国家信息基础设施体系将在陆地、海洋、天空和太空上实现全方位的覆盖，这将为人们通过网络获取全球信息、掌握各类资讯提供有力支持。人们将通过这些先进的信息技术和基础设施实现信息的便捷流动和互联互通，从而极大地提升社会的整体效率和人民的生活品质。

（二）经济发展的数字化转型成为重点

信息技术等前沿技术引领着经济的数字化转型。这些先进的信息生产力将推动我国经济向更高级形态迈进，还将进一步优化经济分工，实现更合理的结构布局，从而推动我国经济迈向数字化经济阶段。这些技术的突破不仅体现在信息技

[①] 搜狐网. 众筹行业迷雾渐褪，生存法则日渐清晰[EB/OL].（2017-07-05）[2023-03-23]. https://www.sohu.com/a/154728019_264613.

术的快速发展上，还体现在其他领域的技术创新和应用上，共同推动着经济的转型升级。根据国家信息化发展战略的要求，到2025年，我国将涌现出一批具有强大国际竞争力的数字经济企业和产业集群，并与传统产业深度融合，进一步推动数字经济的发展壮大。建立起安全可控的信息技术产业体系，核心技术受制于人的局面将被全面改变。到2025年，中国互联网将推动劳动生产率的提升；电子商务交易规模将达到67万亿元，信息消费总额将达到12万亿元；信息化将对传统农业进行重大改造。另外，制造业整体素质将大幅提升，工业化与信息化的融合将迈上新的台阶。[①] 到21世纪中叶，数字红利充分释放，国家信息优势不断显现，数字经济将成为主导经济形态。国家将在信息领域取得显著优势，利用数字技术推动经济发展的做法将收获积极成果。

（三）分享经济将成为数字经济的最大亮点

分享经济已经历了初期的发展和快速增长，未来分享经济将成为数字经济中最引人注目的亮点。随着技术的不断演进和人们对资源共享的需求增加，分享经济将进一步扩大其在数字经济中的影响，并在未来成为推动经济增长和社会发展的重要力量。根据国家信息中心的预测，未来10年内，中国的分享经济领域将涌现出5~10家巨型平台型企业。中国的分享经济正在进入一个人人都可以参与、物品都可以共享的全面分享时代。这意味着更多的人将参与到分享经济中，共享各类资源，推动社会和经济的进一步发展。

首先，创新将更加活跃。中国的分享经济正处于本土化创新的黄金时期，分享经济企业正快速转变，从本土市场走向国际舞台，从跟随者成为引领者，从模仿走向原创，取得了重大的进展和突破。这一变化标志着分享经济行业实现了质的飞跃。

其次，分享经济的影响范围不仅限于与人们日常生活密切相关的金融、家政、医疗、住房、教育、交通等服务领域，而且正在迅速渗透到各个生产性领域。分享经济的理念和模式逐渐被应用于这些领域，促进资源的优化配置、提高效率和

[①] 中国经济网. 麦肯锡：2025年中国互联网发展将贡献GDP增量7%~22%[EB/OL]. (2014-07-28）[2023-03-22].http://finance.ce.cn/rolling/201407/28/t20140728_3238440.shtml.

可持续发展。通过共享与合作，生产要素将得到更充分的利用，创新活力将被释放出来，为各个行业带来了新的发展机遇和增长潜力。

再次，分享的范围将更加广泛。无论是个人的资源还是企业的资源，无论是抽象的产品还是具体的产品，无论是消费品还是生产要素，都将被纳入分享经济的广阔领域。分享经济不再局限于特定领域，而是渗透到各行各业，为人们提供更多的共享机会和灵活选择。这种趋势将进一步推动分享经济的发展，促使其在多个领域中持续蓬勃壮大。

最后，越来越多的人将参与其中。中老年人群和农村居民也会逐渐融入分享经济的浪潮之中。他们将成为分享经济的新参与者，通过在线平台和数字技术的支持，共享自己的资源和技能，与他人互惠互利。这一趋势的发展将进一步强化分享经济的多样化和包容性，为更多人群带来经济机会和社会福利。

第二章 文化创意产业概论

本章详细探讨文化创意产业概念，主要对文化创意产业的内涵释义、文化创意产业的基本特征、文化创意产业的行业性质以及文化创意产业的发展规律进行研究论述，为读者提供了全面而深入的讲解叙述。

第一节　文化创意产业的内涵释义

一、文化创意产业的基本概念

（一）文化

"文化"是中国语言系统中古已有之的词语。

"文"的本义是指各色交错的纹理。《周易·系辞下》载："物相杂，故曰文。"[1] 在此基础上，"文"又有若干引申义。其一，为包括语言文字在内的各种象征符号，并进而具体化为文物典籍、礼乐制度。《尚书·序》所载伏羲画八卦，造书契，"由是文籍生焉"[2]。《论语·子罕》所载孔子说"文王既没，文不在兹乎"。其二，由纹理之说导出彩画、装饰、人为修养之义，与"质""实"对称，所以《论语·雍也》称"质胜文则野，文胜质则史。文质彬彬，然后君子"。其三，在前两层意义之上，更导出美、善、德行之义，这便是《礼记·乐记》，所谓"礼减而进，以进为文"，郑玄注："文犹美也，善也。"

"化"的本义为改易、生成、造化，指事物形态或性质的改变，《庄子·逍遥游》载："化而为鸟，其名为鹏。"《周易·系辞下》载："男女构精，万物化生。"[3] 同时，"化"又引申为教行迁善之义。《礼记·中庸》载："可以赞天地之化育。"

经过查询资料，我们可以明显发现，"文"和"化"在很早之前就存在并联使用的情况，《易·贲卦·象传》："刚柔交错，天文也；文明以止，人文也。观乎天文，以察时变；观乎人文，以化成天下。"[4] 在这段文字中，"文"是由纹理之义发展变化得到的。在宇宙中，日月相互交错，呈现出一种错综复杂的景象，这

---

[1] 陈良运. 周易与中国文学 上 [M]. 南昌：百花洲文艺出版社，2010.
[2] 朱祖延. 引用语大辞典 [M]. 武汉：武汉出版社，2000.
[3] 本书编辑委员会. 易学百科全书 [M]. 上海：上海辞书出版社，2018.
[4] 陈良运. 周易与中国文学 上 [M]. 南昌：百花洲文艺出版社，2010.

是天道自然运行的规律，这也就是我们常说的"天文"。"人文"一词指的是人类社会中错综复杂的人际关系网络，其中父子、夫妇、朋友等人际关系交织在一起，呈现出纹理的表象。这段话的意思是说，刚柔相互交错，为天文；得文明而知止，这是人文。观察天道自然的运行规律，以明了时序之变化；观察人文，使人的行为合乎文明礼仪，并由此而推及天下。在这里，"人文"与"化成天下"紧密联系，"以文教化"的思想已十分明确。

西汉以后，"文化"合为一词，如"圣人之治天下也，先文德而后武力。凡武之兴，为不服也。文化不改，然后加诛"[①]（《说苑·指武》），"文化内辑，武功外悠"[②]（《文选·补之诗》）。在此处所呈现的"文化"，或与自然的创造和环境的塑造互相衬托，或与那些缺乏教育的"朴素"和"野蛮"互相衬托。这两种不同性质的事物都是人类社会发展到一定阶段所创造的物质成果。所以说在汉语体系中，"文化"一词所蕴含的意义是"以文字为媒介，启迪人心"，它表达了人们对性格塑造和道德修养的追求，属于精神领域的范畴。

在时间不断推移的过程中，空间也随之发生了较为明显的变迁，如今"文化"已演变为一个多维概念，其内涵丰富、外延广泛，是众多学科研究、探讨和辩论的焦点。

《辞海》界定"文化"为人类在社会实践中拥有的物质和精神的生产能力，以及创造的物质和精神财富的综合体。

余秋雨先生对"文化"进行了定义，指出文化是一种精神价值和生活方式的习惯，最终表现为集体的人格。

在著作《文化学概论》中，陈华文对"文化"一词进行了明确的定义："所谓文化，就是人类在存在过程中为了维护人类有序的生存和持续的发展所创造出来的关于人与自然、人与社会、人与人之间各种关系的有形或无形的成果。"[③]

再看看国外学者对"文化"的定义。

在18世纪末以前，西方学者关于文化的阐述，主要是指"自然成长的倾向"

[①] 刘向. 说苑[M]. 北京：团结出版社，2021.
[②] 叶当前，沐向琴. 文选[M]. 长沙：岳麓书社，2018.
[③] 陈华文. 文化学概论[M]. 上海：上海文艺出版社，2001.

及据此类比人的培养过程。19世纪，文化用来指"心灵的某种状态或习惯，与人类完善的思想具有密切的关系"。19世纪末，文化是指"一种物质上、知识上和精神上的整体生活方式"。

1952年，克罗伯和克拉克洪是两位备受推崇的美国文化学家，他们的著作对西方1871—1951年关于文化的160多种定义做了整理与评析，并在此基础上对文化进行了定义：文化的形成是由一系列显性和隐性的行为模式所构成，这些模式借助象征符号的运用而得以实现传递。文化与社会历史、民族传统以及宗教信仰等都有密切关系。人类群体的杰出成就在文化中得到了充分的体现，这些成就体现在他们创造的人造器物上；传统观念是文化的核心所在，其中最为关键的是它们所承载的价值观，是文化传承的重要组成部分；文化体系不仅是活动的产物，更是决定进一步活动的关键。这一文化的综合定义受到普遍认同，有着广泛的影响。

在给出以上定义的基础上，作者认为文化是人类在社会实践过程中产生的物质财富和精神财富的总和。

（二）创意与文化创意

要厘清"创意"的概念，我们必须先看看"创新"一词的理论发展脉络。

1912年，美国经济学家熊彼特出版的著作《经济发展理论》中，首次提出了影响深远的创新理论，熊彼特所说的"创新"，是一种从内部改变经济循环流转过程的变革性力量，其本质是实现生产要素和生产条件的一种新组合。而后观念创新、技术创新、制度创新、组织创新等都被包括到"创新"中来，创新经济理论迎来了大发展时代。

1986年，美国经济学家罗默出版的《收益递增与长期增长》一文中指出，新创意会衍生出无穷的新产品、新市场和财富创造的新机会，所以创意才是推动一国经济成长的原动力。

可以看出，在创新理论中，"创意"比"创新"更具有概念的预设性，其意义却与"创新"密不可分。"创意"是指一种带来新事物的能力，"创新"是指带来新事物的可标记结果。所以从广义上讲，"创新"应该是"创意"的派生物，是付诸实践的"创新"意识。"创意"就是具有新颖性和创造性的想法,而且人们能够通过创意创造出更大的效益,包括物质效益和精神效益。

这种理解既满足了文化经济学家普遍认为的"创意就是对文化艺术领域的创新"的观点,也满足了一般创新理论中对创新的理解。但我们也应该看到,在理论意义上,尤其在我国进入文化创意历史新时代的当下,我们最好把"创意"界定为一种具有审美意义的不断创造和不断创新。以此类推,文化创意既指在文化这个领域内创新的过程,也指文化创新的成果。

(三)文化产业

"文化产业"(cultural industry)的概念涵盖哲学和经济学两个层面,其对哲学层面和经济学层面都具有深刻的意义。1944年,哲学意义上的概念首次浮现,当时的学者认为文化产业是一种规范化的过程,其所生产的商品与其他商品一样,源于同一模式,但是可惜的是,这些产品已然不存在文化内涵,它限制了大众的思想发展。

随着社会经济和文化产业的不断演进和完备,"文化产业"这一概念逐渐演变为中性的含义。文化产业被联合国教科文组织定义为一系列按照工业标准进行的文化产品和服务的生产、再生产、储存和分配的活动。在这一定义中,我们可以发现"文化工业"所呈现的痕迹。

随着文化产业概念的演进,文化生产已经脱离了自发性的阶段,进入了与产业化、科技化和市场化相辅相成的全新发展阶段。

(四)创意产业

通常情况下,人们认为,英国首先提出了"创意产业"(creative industry)这一概念,旨在将其作为国家发展政策的一部分。它是以创造新产品或提供新文化服务为目的的行业。在布莱尔成为英国首相之后,就创意产业方面,英国成立了"创意产业特别工作组",他们认为"创意产业"是一种以个体的创造力、技能和才能为基础,借助知识产权的创造和利用的功能作用,具有创造财富和就业机会潜力的产业。此后,"创意产业"一词开始出现在众多国家的一些政府文件中,成为一个具有国际影响的新名词,甚至很多国家都将其视为一项重要的发展战略，积极推广。

（五）文化创意产业

"文化创意产业"（cultural and creative industry）是一个包含文化、创意和产业三个方面的概念，它代表了文化创意产业的三个不同但相互关联的发展阶段，这三个阶段共同构成了文化创意产业的内涵。文化和创意不能直接转化为财富，而是需要经过技术化和产业化的复杂过程，方能成为市场上流行的商品和服务。因此，文化创意产业也就是在科技与经济结合下发展起来的一种新型产业。作为文化产业中最具创造性和先导性的核心组成部分，新兴产业以创意为核心，致力于向大众提供文化、艺术、精神、心理、娱乐产品，是文化产业的高端和创新型表现。

在对概念的选择上，作者认为，由于文化创意产业概念并不涵盖科学技术上的创造发明，而专指文化领域中的创新。因此，文化创意产业可以被定义为是一种基于文化元素创意需要，由高科技、规模化生产成高附加值产品的产业。

（六）创意产业、文化产业、文化创意产业的联系

1. 关于创意产业和文化产业的关系

一些学者主张，创意产业是对文化产业的深度挖掘和拓展，或者说是一种"超越常规"的探索，比如荣跃明在《超越文化产业：创意产业的本质与特征》当中所写的那样："从创意产业与文化产业的关系看，创意产业脱胎于文化产业，某种意义上可以说是艺术生产的一种业态。……在价值链的连接中，创意产业始终处于文化产业的上游。"[①]

然而，在大部分学者的论文中，这两个概念被默认为实际上并无实质性差异，且它们所涵盖的领域也基本相同，如薛永武在《关于文化与文化产业研究的几个理论问题》中指出："创意产业无论是什么内容，都属于观念形态的文化……文化产业中的'文化'本身又是一种观念形态，是区域经济与产业经济文化创造者

---

① 荣跃明. 超越文化产业：创意产业的本质与特征[J]. 中国文化产业评论, 2004（1）：12.

创意的感性显现，因而，文化产业又可以称为创意产业。"[①] 在赢得1997年大选之前，对于英国工党来说，"文化产业"这一概念在其相关文件中得到了广泛的应用。而在此之后，"文化产业"逐渐被"创意产业"所取代，成了主流概念。英国如此作为，主要是为了方便制定文化政策。实际上，英国所界定的创意产业本质上是文化产业，只不过"创意产业"一词更加强调了其中的创意特质，也就是关注的重点有所偏移。

2. 关于创意产业和文化创意产业的关系

大多数人认为，"文化创意产业"是一种利用创意人的智慧、技能和天赋，通过高科技手段对文化资源加以创造和提升，之后借助知识产权产生高附加值产品，进而创造财富并提供就业的产业。从这种倾向的定义中，我们可以明显感受到"文化创意产业"和"创意产业"之间的相似性。

文化创意产业和创意产业在其内涵上呈现出惊人的相似性。在对文化创意产业内涵的理解中，有一些学者认为，"文化创意产业"一词中的"产业"是由"文化"和"创意"这两个并列的定语共同修饰的，也就是说，"文化创意产业"是文化和科技的融合，同时也涉及传统文化和现代文化。

3. 关于文化产业和文化创意产业的关系

若是基于内涵的角度对我国的文化产业进行观察与研究，我们就能够明显发现其聚焦于产业的角度和所提供的产品及服务的精神文化性质。基于此种角度，我们能够确定，所有旨在为社会公众提供文化、娱乐产品和服务并满足人们精神文化需求的产业，均属于文化产业范畴。文化创意产业作为一种新型的经济形态和产业结构，它对我国国民经济的影响日益凸显。除了满足个人的精神文化消费需求，文化创意产业还凸显出"生产性服务业"的本质，即该产业为提升产品附加值、优化产业结构而服务于生产领域。显而易见，"文化创意产业"所涵盖的内涵范围比"文化产业"更为广泛和深刻。

文化产业和文化创意产业在外延方面存在差异，但它们之间也存在一定

[①] 薛永武. 关于文化与文化产业研究的几个理论问题[J]. 中国海洋大学学报：社会科学版，2008（3）：6.

程度的相互渗透。文化产业被划分为三个不同的层面：其一，为文化产业核心层，包括新闻服务、出版发行和版权服务等；其二，为文化产业外围层，涵盖网络文化服务、文化休闲娱乐服务等；其三，为相关文化产业层，其中主要包含文化用品、设备以及相关文化产品的生产和销售。我国文化创意产业的外延范围涵盖文化、设计、体验和旅游等多个领域，这些领域与文化事业紧密相连，全都是我国文化产业的重要组成部分。文化产业的概念划分更注重于产出和公众服务，其外延所涵盖的门类与文化创意产业存在交集，但其所涉及的层面较小。

4. 文化创意产业、创意产业与文化产业三者的联系

（1）无论是"文化产业"，还是"创意产业"，都在新经济时代有着自身无法概全的局限性，我们只有结合两者所长才能厘清这个概念的真实意义。我国在命名上采取"文化创意产业"，为了达成此目标，我们必须采取相应措施。一些学者将"创意产业"划分为"文化创意"和"科技创意"两个主要领域，这实际上也是为了实现该目标。所以说，我国更倾向于将其命名为"文化创意产业"，以体现其对文化创新的高度重视。

这个概念之所以能够存在和流行，首先，它将文化产业和创意产业这两个概念融合在一起，其中包含范围更大的文化经济活动，因此，在中国的语境中它具有弥补文化产业概念不足的重要意义，可进一步明确其产业的经济价值主要取决于文化价值；其次，对于文化创意产业而言，设计业得到了更多的关注，其本身作为一个整体的存在有着高端地位和重要价值。

（2）总而言之，文化产业、创意产业和文化创意产业在本质上并不存在根本性的差别，它们之间的"相似"程度远高于"差异"程度。

从文化产业、创意产业与文化创意产业三者的联系中，我们能清楚地知道，"文化创意产业"的提法，在中国的语境中，文化和创意的核心内涵得到了进一步的深刻表现，并且，其中也包含了更为广泛的文化经济活动，从而对文化产业概念进行了补充，其具体表现为更加重视创意源头所发挥的作用，也更为强调产业链的意义，并进一步明确了产业的经济价值主要取决于文化价值。"文化创意产业"在促进文化产业和创意产业的融合与交流方面发挥了积极的作用，为两者

的和谐发展注入了新的活力和动力。

总而言之,对于文化创意产业的界定,其所包含的内涵更为广泛和深刻。文化创意产业的本质在于其"创意"性,而非简单地体现为一种新技术革命下的新兴产业形态。文化创意产业是由一群专注于创造具有象征意义、社会意义、特定文化内涵的产品或服务的无形资产所组成的企业集合。除此之外,文化创意产业所强调的不仅仅是文化和艺术对经济发展积极影响与正向作用,也强调经济与文化之间的相互促进和协同作用,可确保经济与文化的有机融合和协同发展。另外,文化创意产业以其特有的"创造性"特征成为一种新型的知识密集型产业。该领域的发展和延伸范围极为广泛,不仅涵盖传统产业,而且包含新的知识经济的产业内核。文化创意产业所呈现的空间异质性相当显著,许多种类的创意产品在不同偏好的消费者眼中总是与其独特的地理位置紧密相连,比如中国的戏剧、悉尼的歌剧,以及巴黎的时装等。

经济、文化、科技的融合发展带来了文化创意产业的崛起和蓬勃发展。文化产业与其他产业广泛而复杂地交织在一起,对社会文化发展产生了深远的影响。因此,对文化创意产业进行科学、准确的界定具有重要意义。以世界各国创意产业的分类为参考,以我国的行业划分标准为基础,我们可以将我国文化创意产业归纳为四大类别,包括文化艺术、创意设计、传媒产业、软件和计算机服务。

二、文化创意产业的模式与功能

(一)文化创意产业的发展模式

文化具有区域性和传承性,不同民族、地区的文化形态也各具特色,所以文化创意产业的构成模式因国家、地区的不同,会呈现出各异的成长模式,大致可以分为以下几种类型:

1. 政府引导型

政府引导型是指由政府积极推动文化创意产业发展的类型。在这一类型中,政府在文化创意产业的产生和成长中发挥重要作用,对其进行多方面的支持和引导,代表国家有英国、日本、韩国、新加坡等,其中又以英国最为典型。

英国创意产业的蓬勃发展离不开政府的积极推动,政府对创意产业的政策支持与重点关注为其快速发展奠定了坚实基础。为了振兴英国经济,1997年,英国政府提出了发展创意产业战略,在此之后,由首相领导英国政府积极推进文化创意产业诸多工作的进一步发展,寄希望于通过文化创意产业的发展来催化英国经济的复兴,并呼吁政府在从业人员的技能培训、知识产权保护、文化创意产品出口等方面积极探索和实践,以支持文化创意产业的发展。此外,英国政府还制定出一系列促进文化创意产业发展的政策。值得关注的是,英国政府的文化创意产业政策是目前全球最为完备的产业政策之一。

在英国的产业发展实践中,创意产业表现出了惊人的增长速度,成为多年来最为迅猛的产业之一。创意产业作为一种新兴业态在经济中发挥着越来越重要的作用。创意产业已成为英国就业人口最多的行业之一,产值仅次于金融服务业。创意产业在经济中占据如此重要的地位,除了其自身所具有的强大吸引力外,还在于政府对它的大力支持。与大多数传统产业的成长模式不同,文化创意产业承载了较多经济利益之外的职能,作为一种新兴产业,对于大多数国家和地区来讲,文化创意性十分需要政府从宏观层面给予积极的引导,同时通过各种政策予以大力扶持,健全产业运作体系,规范市场秩序,帮助微观主体合理有效地配置资源,这是产业成长中的内在需求,也属于政府角色定位的正常领域。

2. 市场主导型

市场主导型与政府引导型产业发展模式不同,在文化创意产业发展相对发达的经济体中,市场的力量得到更多的强调和重视。市场主导型发展模式是指市场在文化创意产业的生成中起着关键作用的类型模式。在这种类型的文化创意产业的发展过程中,市场是实施主体和主要推动者,产业相关方普遍遵循贸易自由和市场开放的理念,其中以美国版权产业的发展最具代表性。

当前,美国的市场经济发达,交易平台和相关的制度也较完善,资金、人才、信息等关键要素自由流动,为文化创意产业提供了良好的环境。资金雄厚的企业选择投资文化创意产业,以市场为主导,能够迅速带动区域经济的发展,从中获取高额的商业利润和良好的品牌效益。

需要特别提出的是,政府与市场的关系一直是经济学界争论的焦点问题之一,也是各经济体在长期实践中很难把握的困局问题。在美国，凯恩斯主义的积极干预思想从来就没有消失过，其文化创意产业的高度繁荣也并非纯粹的市场自发行为；而英国的政府引导型发展模式突出的是"引导"二字，市场仍然是产业成长的主体。因此，文化创意产业在发展中对政府和市场的双重依赖是无法避免的，而政府的行为空间或许更多地取决于其长期的行为习惯和市场的完备程度。

3. 传统文化保护型

文化作为一种产业的发展历史并不长，但文化本身是与人类社会的进步相伴而存在的，甚至可以说人类发展史就是一部人类文化发展史。对于人类自身来说，如何保护地区的多元文明与历史文明遗产，已经超越了国别或民族的单一行为，成为全人类历史文明的重大议题。文化创意产业发展中的传统文化保护型模式，即是依据本地区的传统文化、建筑、工艺与人文资源等进行传统艺术或遗产文明的保护性移植、复制与传承发展起来的。

在这一模式中，地区原有的文化艺术、传统、人文建筑、自然景观等文化符号起了关键性的作用，法国就是这一类型的国家。众所周知，法国是世界上著名的旅游国家，具有悠久的历史、深厚的文化底蕴，卢浮宫、埃菲尔铁塔、巴黎圣母院、凯旋门等诸多历史遗址吸引着无数游客奔向这个富有浪漫气息的国度，可以说，文化休闲旅游业是法国文化创意产业中最为成熟的行业之一，其价值链就是以丰富的文化资源为依托，带动吃、住、行、游、购等一系列相关产业庞大的经济收益链条。

中华民族有着5000多年的文明史，拥有的文化遗产难以计数。改革开放以来，漓江、敦煌、平遥等文化地域每年都吸引大量的国内外游客。依托这些传统文化遗迹，在保护的基础上积极发展创意经济新形态，不仅对保护中华传统文明这种不可复制的人文资源有着重要作用，也是我国产业结构调整优化的重要突破口。

4. 创意阶层集聚型

通过"创意阶层集聚"这种方式成长起来的文化创意产业是原生态的经济形态，创意工作者在其中起着主导作用。创意工作者出于创作或资金的考虑，往往选择废弃的厂房、仓库等地区作为创作地点。他们多以个人画廊、工作室为主，进行艺术创作、作品展示、技艺交流、作品售卖。这种富有激情和自由的氛围吸引了艺术商人。此外，特色酒吧、餐厅、画廊、书店的落脚入驻，随着时间的推移，特色的文化氛围和生机勃勃的艺术家街区逐步形成，并对周边经济的发展起着积极的推动作用。

创意阶层集聚型的主要代表是闻名于世的美国纽约 SOHO 区。作为曼哈顿岛的第二区，SOHO 并非独立存在，而是与西村、格林威治村和小意大利合并而成。SOHO 作为商业区，拥有众多独具特色的百货服装店和饰品店。在这里，消费者可以享受到各种不同风格、不同品位的购物乐趣。百老汇大道，位于 SOHO 中心区，是一个集珠宝、服饰、化妆品等多种特色店于一体的综合性商业区域，拥有多家特色店以及多家不同类型的餐馆，包括来自世界范围内不同地方的风味美食、高级主题餐厅等。

中国的文化创意产业发展历程较短，甚至可以说刚刚起步，能够追赶世界潮流的艺术家数量还比较有限，而能够引领时代的创意人群更是凤毛麟角。但这并不意味着创意阶层聚集型的发展模式在中国没有用武之地，近几年在国内出现的上海苏州河畔艺术仓库区、昆明的"创库"、北京的 798 艺术区等，都是中国的艺术家在本土尝试这一模式的先声，相信我们勇于探索就会有成绩。

5.社区合作型

在区域性文化创意产业发展中，无论是政府、市场、社会团体，还是艺术家阶层，单方面的力量都是有限的，将多种主体凝聚在一起共同推动产业发展的模式被称为社区合作型商业模式。社区合作型商业模式主要就是在公共发展区域政策的影响下，通过发挥政府力量与社会各方力量，制定出可持续发展策略，并确定能够提升区域竞争力的方法手段，并借助改善基础设施建设与交通建设的方式，使得更多的世界各地的创意阶层都能够参与其中，从而构建出一种复合型的区域创新商业模式。

（二）文化创意产业的主要功能

1.文化创意产业的经济功能

在当今知识经济的浪潮中，文化创意产业不仅是摆脱危机的先锋，更是推动经济快速发展的产业，同时也在为世界的发展施加影响的过程中发挥着十分重要的作用。

文化创意产业具有较强的创新性，它利用创意人的智慧、技能、天赋等，通过各种各样的高科技手段对文化资源进行创新发展，且基于知识产权的利用，创造出有高附加值的产品，具有创造财富的能力，有着较多的就业机会，对于加速经济创新发挥着较强的推动作用。

在 2008 年国际金融危机期间，文化创意产业成了一枝独秀。随着世界范围内经济危机对全球经济影响加剧，创意产业呈现出蓬勃发展的态势，甚至我们还能够发现很多地区的创意产业在增速方面要远大于当地经济的增长速度。由此，越来越多的国家政府开始将文化创意产业的发展作为推动创新和调整产业结构的重点工作，以便更好地实现国家经济的复苏发展。

在知识经济的大背景下，文化创意产业不仅扮演着走出危机的先锋角色，更是经济加速发展的全新战略角色，同时在对世界施加影响方面，也发挥着极为重要的作用。为了更好地度过经济危机，人们一般认为应当进行创新，以便更好地开拓新的领域。从某种意义上讲，人类历史就是一部不断创新与变革的过程史。在 20 世纪 30 年代的经济大萧条时期，工业领域率先实现了突破性进展，挽救了当时的颓势；随着 1998 年东南亚金融危机的爆发，IT 和内容产业得以蓬勃发展，为经济的衰落带来了拯救方案；在 2008 年的金融危机中，文化创意产业迅猛发展，成功地将危机转化为机遇，推动了区域经济的增长。

经过多年的改革开放，中国社会在飞速发展，中国已成为全球制造业大国，然而，在"中国制造"的盛誉下，我们必须明确认识到低端制造模式已经逐渐难以适应时代发展。为了在国际产业竞争中占据领先地位，我们必须以"中国创造"为品牌，加速实现从制造到创造的全新飞跃。

文化创意产业在推动产业转型方面扮演着至关重要的角色，是一条不可或缺的路径。文化创意产业在世界范围内蓬勃发展，已经成为各国经济社会发展中极为重要的部分。文化创意产业倡导挖掘人类创造力、解放文化生产力、提升产业竞争力、增强国家软实力，强调创意和创新，强调将文化、技术与产品和市场有机融合，这不仅能够为人们提供高文化含量的产品和服务，满足人们的精神需求，也能够逐步构建起新的消费市场，更重要的是可以使其与其他产业融合发展，进一步推动产业创新和结构的更新与完善，进而有效促进中国的经济实现转型与创新。

近年来，人们生活水平不断提高，越来越多的消费者开始重点关注商品所蕴含的文化元素，而非仅仅关注其使用价值。文化创意产业在世界范围内蓬勃发展，已经成为各国经济社会发展中不可或缺的部分。文化创意产业以传递观念、情感和品位为手段，使传统商品呈现出一种较为特殊的"象征意义"，以便该物品拥有更为丰厚的附加值，从而有效促进人们的消费意愿的提升。

2. 文化创意产业的社会功能

通过融合中华文化元素和价值理念，推动文化创意产业的发展，不仅可以使中国在文化特征上与世界其他国家区分开来，同时也能够进一步增强中华儿女对文化的认同。

推进文化创意产业的发展，不仅可以促进区域间的交流与合作，更能够深化文化认同，从而有效促进民族凝聚力的提高，为大中华地区同胞带来切实的好处，为两岸和平以及中华民族的复兴贡献力量。

作为大中华地区血脉相连的纽带，文化在经济合作中扮演着不可或缺的角色，而文化交流则是心灵相通的体现。文化创意产业的发展不仅将经济和文化紧密结合在了一起，更是进一步加强了我国的文化认同，使得中华民族的凝聚力得到提升。

在文化层面上，大中华地区的文化创意产业发展，必须建立在相互认同和协作的基础之上。中华文化的精髓在于"和"，通过创意发展"和谐""和睦"等元素，不仅可以深化中华民族的血脉联系，也有助于进一步实现中华文化精神的承继。从产业层面加以分析，我们可以发现，推动文化创意产业的发展，有助于促进中华民族的整体经济实力的提升，对增强大中华地区的国际竞争力，具有重要意义。

3. 文化创意产业的文化功能

时代在进步，文化创意产业能够通过运用高科技和多媒体等创新手段，使得传统文化中的精华得以延续至今，这既实现了有效的传承，又对传统文化的内容和形式进行了创新。中华文化，作为大中华地区共同的情感记忆和精神遗产，能够推动文化创意产业的发展，也可提升大中华地区文化的创新力、影响力和吸引力。

对传统文化中的精华进行创新传承并广泛吸收容纳外来优秀文化，可以进一步促进中华文化创新力的提升，并且，在此过程中，我们还需要重点关注对历史文化资源进行富有创造性的转化。文化创意产业具有强大的创造力和辐射力，能够为经济社会发展提供新的动力源泉和重要支撑。唯有在不断创新的过程中，传统文化方能得到传承和发扬光大。为了推动中华文化的创新、创意性发展，大中华地区致力于发展文化创意产业，将中华传统文化进行现代化诠释，从而在能够满足当代人文化精神需求的同时，使得传统优秀文化焕发出新的生命力。

为了进一步推动中华文化的价值创新，充分实现中华文化基因的优化，发展文化创意产业需要实现对异质文化的吸收和融合。总的来说，我们应该以包容和开放的心态对其他民族的先进文化加以了解与学习，拓展国际文化创意的交流渠道，从而扩大创意的领域，提升创新的能力。

中华文化蕴含着无与伦比的财富，我们唯有通过提升创意的转化能力，才能将其资源优势转化为经济优势，并基于此充分发展中华文化的影响力，而其中至关重要的一环则是对历史文化资源进行富有创造性的转化。

提升中华文化吸引力的最根本办法就是创新发展。利用现代高新科技，大力推进文化创意产业的发展，促进文化交流和传播手段的更新，从而推动传统艺术样式的不断创新。近年来，我国大力倡导发展文化产业，并将发展文化创意产业作为国家战略之一予以重点支持，取得了可喜进展。故宫正在积极利用互联网技术和数字技术，向公众展示大量珍贵的文物藏品，以展示其独特的文化魅力。现如今，故宫已经推出了"每日故宫"App产品，并建立了数字博物馆。借助各种高科技产品，我们能够深入挖掘故宫优质资源，让当代的文化遗产更加方便地被人们熟知，进而使其焕发新的生机。

文化创意产业以美学符号为媒介，能塑造区域文化的独特气质，同时也可提升城市文化的吸引力。文化创意产业与旧城区改造之间形成了一种有机的互动关系，这种关系不仅有助于保护历史文化遗产，还能够提升城市文化品位。首先，建筑的历史文化价值得到保留，能够避免城市文脉的中断，从而使得无数种文化、历史与未来等为城市带来历史与现代和谐融合的文化景观，使得人们不仅能够充分感受到城市的繁华感，也能够真切了解到文化底蕴的厚重感和时代的生机感；其次，新兴产业业态的孕育，有效避免了产业的空心化，为城市经济的更新和持续发展注入了强劲动力，同时也推动了就业率的提升。

三、文化创意产业的发展意义

（一）有利于中国产业结构调整

产业结构升级换代是经济发展的必然趋势。全球化时代以前，产业结构的升级换代主要是以时间序列进行纵向递进，即随着一国经济的发展，就业人口、经济比重等沿着第一产业、第二产业、第三产业的顺序向前推移。随着全球化时代的来临，产业结构开始按照空间序列进行重新调整。发达国家越来越倚重知识密集型、资本密集型、技术密集型产业，而将劳动密集型、低附加值产业向发展中国家转移。在一定程度上说，中国"世界工厂"地位的形成便是国际产业分工的结果。

自从 2000 年之后，全球经济的蓬勃发展，高科技也在飞速进步，全球产业结构的调整步伐愈加迅猛。作为一种新型的文化产业形态，文化创意产业对城市发展有着积极的促进作用。随着科技创新和产业革命的迅猛发展，各重要国家和地区正在积极制定产业发展战略，以在产业升级的制高点上占据领先地位。目前，各国政府已把发展文化产业作为提升国际竞争力的重要举措。在此情形下，积极推进文化创意产业的发展，注重知识密集型和高附加值的领域，无论是对中国产业结构的整体调整，还是对中国文化创意产业的结构调整，都具有不可忽视的重要意义。

对中国产业结构的整体调整而言，文化创意产业有利于优化中国整体产业结构，能够提升第三产业在国民经济中的比重。对中国文化创意产业的结构调整而言，文化创意产业的发展不仅能够提升文化产品的附加价值，同时也有助于优化文化产业内部的结构。高新技术产业化已成为各国竞相追逐的热点。当前，我国的文化产业仍以传统的演出、影视等为主导，数字产业如创意设计、动漫和网络游戏等在我国仍处于起步阶段。我国文化产业具有巨大潜力和广阔前景。我国唯有积极推进文化创意产业的发展，方能获得高附加值的文化产品，并获得丰厚的回报。

（二）有助于提升中国制造业的核心竞争力

文化创意产业的发展不仅能够带来巨额的直接经济利润，还能对良好创意形成孵化作用，并可通过创意的促发，增加产品的附加值，获取品牌效应，对中国制造业核心竞争力的提升起到积极的推动作用。我们要通过发展文化创意产业，将文化产品输出到世界各地，利用中国文化的力量对中国品牌进行销售，并且，为有效提高产品本身的品位，我们要不断丰富产品中的文化与科技含量。同时要借助海外华人圈，提高国际市场对中国品牌的认可与信任，从而使中国的品牌地位得到进一步提升，最终借助文化竞争力站稳世界市场的脚跟。随着经济全球化和知识经济时代的到来，文化创意产业作为一种新的经济增长点已经成为各国发展战略中一个重要内容。在这一进程中，文化创意产业的竞争力将扮演着至关重要的角色，其影响力不可小觑。

（三）有助于提升和塑造国际形象

在全球文化竞争日益激烈的今天，要提升一国文化的国际竞争力，必须将潜在的文化资源转化为文化资本。《辞海》对"资源"的解释是："资财的来源，一般指天然的财源。"[①]作为财富的来源，资源仍然处在潜在的境况之下，只有将资源转化为资本，文化才能够带来巨大的直接经济效益。

文化产业的繁荣离不开创意的引领，否则，一个国家即使拥有丰富的文化资源，也难以成为文化创意产业的强国。文化创意产业是经济全球化时代国家间竞争优势的核心要素之一，也是我国实施创新驱动发展战略、建设创新型国家的重要举措。我国拥有5000多年未间断的历史文明和传统文化资源。随着社会经济的快速发展，文化产品和服务越来越多地被大众消费。在推进文化经济化的进程中，我们必须深刻认识到，文化资源的优势并不能自然地转化为产业发展的优势，我国要实现这一目的需要激发创意。文化产品的知识产权只有在经过一定形式的

---

① 陈至立. 辞海 [M]. 上海：上海辞书出版社，2020.

再创造之后，才能得到充分的保护和传承。从全球来看，文化创意产业已经形成了巨大的市场空间和强大的生命力。文化资源的占有程度和开发利用成效的大小，取决于创新和创意能力的强弱。另外，文化创意产业的崛起并非仅仅依赖于文化资源的丰富程度，还需要更多的努力和创新。因此，我国经济建设中的"软实力"与"硬力量"都需要通过文化创意来实现。如果我们想把5000多年来丰富的文化资源变成行业发展的底蕴，那么，我们就应当充分发展文化创意产业。

四、国内文化创意产业的发展现状

现如今，我国文化创意产业正在蓬勃发展，深入分析我国文化创意产业的现状，有针对性地探索国外文化创意产业的发展经验，有助于推动我国文化创意产业的发展。

（一）我国文化创意产业近年产业规模与经济贡献

为了促进我国文化创意产业的发展，我们对当前我国文化创意产业的现状有所了解是十分必要的，文化创意产业市场规模与文化创意产业经济贡献率能够在宏观上反映出目前我国文化创意产业发展的基本状况。

虽然我国文化创意产业起步较晚，但在政府政策的支持下，文化创意产业的市场规模在不断扩大。国家统计局发布的数据显示，2022年中国文化创意产业总产值达到15.6万亿元，同比增长15.1%。其中，文化传媒、数字娱乐、艺术品交易等领域的产业增长表现尤为突出。在文化传媒领域，传统媒体与新媒体加速融合发展，媒体格局和传播方式不断变革。随着年轻消费者的崛起，电竞、直播等数字娱乐产业迎来了快速发展期。同时艺术品交易市场也表现出强劲的增长态势，成为国内外关注的焦点。此外，文化创意产业的发展也带动了相关产业的发展。设计、广告、会展、旅游等产业都受益于文化创意产业的繁荣，实现了快速增长。文化创意产业的发展也推动了城市更新和品牌建设，为城市发展注入了新的动力。

虽然我国的文化创意产业在经济方面所占比重逐渐增大，但是与世界范围内的文化创意产业经济贡献率的平均水平仍存在一定的差距。我国应加大对文化产业投入力度和政策扶持力度，以提高其在国民经济中的地位和作用。当前，我国的文化创意产业正处于实现这一目标的初期阶段。从发展趋势看，未来几年，随着我国社会经济水平的提高和人民生活质量的改善，文化创意产业将保持较高增长速度。由此可见，文化创意产业已成为支撑经济的重要支柱，且发展潜力巨大，我们必须持续不断地努力和探索。

（二）我国文化创意产业生态环境

作者以文化创意产业生态系统理论为基础，对我国文化创意产业的外部和内部生态环境以及融合情况进行了系统梳理，并运用相关指标进行了深入分析和评价。

1. 我国文化创意产业的外部环境

（1）政策环境

关于文化创意产业的发展，我国政府十分关注，并明确其与国家战略同等高度，制定了与之契合的诸多规划。现如今，我国文化创意产业政策体系已经开始建立，虽不完全，但是已然形成了全方位、多层次的政策体系，包括产业宏观政策、产业财政、产业要素发展、地方文化创意产业发展等方面。近年来，随着文化创意产业行业发展政策的出台，文化创意产业政策体系逐渐完善。

（2）法律环境

随着我国文化创意产业法律体系的不断完善，相关立法需求得到了基本涵盖，同时行业细分立法的出台也进一步深化了我国文化创意产业法律体系的立法层次。借助专家学者和中介企业的合作，我们致力于构建一个公民知识产权便民服务平台，为广大公众提供知识产权服务；同时借助互联网技术，我们力求实现社会公众可以随时进行知识产权咨询服务和宣传推广。随着时间的推移，公众对于保护知识产权的法律遵守和执行的认知逐渐加强。

（3）文化环境

我国的文化底蕴深厚，孕育的文化创意产业正在蓬勃发展。我国的文化底蕴丰厚，源远流长，蕴含着神话传说、戏曲、武术、文学、中医、衣冠服饰、琴棋书画、诸子百家、名山大川等丰富多彩的文化遗产。这些都为我国文化产业提供了丰厚的文化底蕴和广阔的发展前景。我国所拥有的文化遗产总量在全球范围内居于领先地位。

我国的文化遗产保护事业正在稳步发展，也在不间断地加大保护力度。其保护范围涵盖了物质文化遗产和非物质文化遗产，从中央到地方均设有文化保护机构，保护主体包括政府、公共媒体、专家学者、民间文化爱好者、艺术家和社会公众等五大主要群体，而保护措施则逐渐呈现出多元化与多样化趋势。为了保护我国的文化资源，政府制定了一系列法律法规，设立了各级非物质文化遗产保护机构，并提出了非物质文化遗产申报等措施；企业积极投入到保护文化遗产工作中来，其中包括利用各种宣传手段和媒介进行传统文化的宣传和推广。央视"中华之光"系列节目等公共媒体，通过影视、音乐、综艺等多种形式，向社会传递保护文化遗产的重要理念；民间力量积极投入非遗传承和保护工作中，如举办各种形式的传统技艺比赛和展演等。专家学者在协助产业立法、保护与传播方面发挥了重要作用，同时民间文化爱好者及艺术家也在不断学习、深化对传统文化的理解，从而创作出富有文化内涵的杰出文化创意作品。这些文化传承者通过精湛的手艺参加选秀节目，举办活动，弘扬传统文化，而社会公众则积极践行传统文化的价值观。这些举措为我国传统村落和非物质文化遗产的传承提供了良好的环境与平台。

随着时间的推移，文化创意产业的公共基础设施建设逐渐得到完善和提升。自2004年起，全国各级各类国有博物馆、纪念馆、美术馆以及具备条件的爱国主义教育基地等，逐渐实施优惠或免费开放政策，以促进文化遗产的保护和传承。这是一项惠及广大人民群众的民生工程和德政工程，是社会主义精神文明建设的重要内容之一。自2008年起，全国文化、文物系统的博物馆和纪念馆开始向社会免费开放，为丰富群众的文化活动给予了强有力的支持。

文化消费一直在逐步增长。我国经济蓬勃发展，城乡居民对文化消费的需求攀升，对文化品质的要求也日益提高。

2. 我国文化创意产业的内部生态环境

（1）文化创意产业内部行业

在拓展的衍生品产业链方面，电视剧行业呈现出多样化的情况。例如，热播剧《花千骨》已经形成了"网络小说创作、IP（知识产权）、改编剧本、拍摄制作和营销传播"的产业链。值得注意的是，营销方甚至适时推出了《花千骨》系列手游，进一步增加了自己的收入；在图书出版业、音乐产业和旅游业这三个领域中，已经形成了一个较为完善的产业链，而像《中国好歌曲》这样的娱乐节目也已经形成了一个完整的产业链，包括音乐创作、制作和传播；影视行业则主要依靠版权运营，并将衍生产品作为重要盈利点之一。

我国的产业商业模式在产业经营模式方面，呈现出多元化的发展趋势。随着商业模式的多元化趋势逐渐显现，广告、电商衍生等多种商业模式已成为主流选择。目前我国文化创意产业主要以传统文化资源为依托，通过对文化产业项目进行设计开发和生产运营来实现其价值的最大化，从而带动经济增长。

我国文化创意产业内部行业正处于蓬勃发展的时期，应当进一步扩大产业规模，增强衍生品开发的多样性，以实现商业化营销模式的多元化和成熟化。

（2）核心发展要素

第一，考虑的是人才要素。从总体看，近年来我国文化产业发展取得了明显成效，我国对文化创意人才的培养极为重视。我国的文化创意人才队伍规模不断扩大，人才的创作热情也不断高涨。就业市场中从业人员所占比例不断扩大。

第二，考虑的是科技要素。从总体看，我国对科技要素的投入极为重视，在信息技术方面取得了突破创新等诸多成就。例如，通过加强国家文化创新工程项目，科技要素可以更好地服务于我国文化创意产业，而互联网、大数据、新媒体等科技的广泛应用则为我国文化创意产业的科技种类增加、科技含量的提升提供了帮助，从而在很大程度上有效推动了我国文化创意产品的发展和传播。我国文化创意产业的蓬勃发展离不开科技这一强有力的推动力。

第三，考虑的是产品要素。近年来，随着文化产业政策的出台与实施，国内文化创意产业呈现出蓬勃发展之势。首先，我国的文化创意产品在内容和类型上呈现出更为多元化和丰富的趋势；其次，从生产环节来看，文化创意企业的数量越来越多。现有的文化创意产品所利用和开发的文化元素种类，与我国丰富的文化资源总量相比，远未达到充分释放文化资源库的程度。

3.我国文化创意产业融合情况

伴随着时代的发展，最近几年，我国文化创意产业的发展呈现出产业融合的新趋势，我国始终致力于促进文化创意产业种群之间的相互融合和协同发展。首先，我国文化创意产业内部各行业之间的融合呈现出更加多元化的趋势，甚至逐步形成了多种程度的关联发展新模式，例如，将咖啡厅与图书阅读区相结合，或与出版业相融合，吸引更多年轻的文艺青年等消费群体，从而实现了餐饮业和出版业的有机结合等。文化创意产品的表现形式因现代技术手段与文化艺术的交融而呈现出多样化的面貌。其次，我国文化创意产业与第一产业、第二产业的相互渗透备受关注，需要注意的是，其渗透程度更为深入。例如，文化创意产业与建筑业的融合，使得工业设计、建筑设计等学科诞生，为就业市场注入了新的活力。

总的来看，最近几年我国文化创意产业在规模、经济贡献率和生态环境等方面取得了显著进展，呈现出整体上升的趋势，产业增加值占 GDP 比重不断攀升，各行业也有着较好的发展，政策法律体系正在不断完善，文化消费市场有着极为广阔的空间，文化创意产品开始格外注重原创和创新，最终诞生了众多具有民族特色的文化创意产品。

第二节　文化创意产业的基本特征

随着文化创意产业的兴起，社会财富的创造方式和形式发生了很大的历史性的转变，人类社会开始了一种全新的生产方式，劳动过程中的创意则成了商品价值形式的一个重要组成部分。创意经济是在知识经济和信息技术革命推动下产生的一种新型经济形态，通过将抽象和无形的创意作为产业链的源头，这种创造价值的活动改变了以往仅有资本和劳动力等实体才可以生产的传统观念。在全球经济一体化和知识经济时代到来的背景下，以知识为基础、智力资源为主的文化创意产业应运而生，自其兴起至今，虽然时间不长，但它已经改变了传统产业的发展模式，呈现出截然不同的独特特征。

一、创新性

传统产业与创新虽然有着密不可分的联系，但是文化创意产业的本质特征在于创新，这是它们最主要的区别。文化创意产业的革新性是独具匠心的文化创意在文化产品的生产和推广期间始终贯穿其中，是不可或缺的元素。文化创意产业之所以具有这种独特性，是因为它能够通过独特的方式，将创意转化为商品或服务。文化创意产业所生产的文化产品，必须具备足够的吸引力，能够触动消费者内心深处的情感，只有这样才可以获得巨大的经济效益和社会效益。因此，文化创意产业的发展必须以独特的创意作为支撑。创意产品的独特之处在于其以文化和创意为核心，灵活运用知识与技术创造出全新的价值，就某种程度而言，其创意在特定行业中的具体物质化表现，也是推动市场供需的重要因素之一。

在文化创意产业中，人力资本扮演着至关重要的角色，创新则成为推动经济发展的主导力量，同时我们必须认识到生产手段在经济领域中的广泛适用性。文化创意产业作为一种新的经济形态，它的兴起源于生产技术的进步以及人们生活水平的提高，这使得创新成为必然趋势。文化创意产业的产品是以知识为基础的产品，它的特点在于可通过创造性劳动，使人类创造出来的智力成果商品化。只有将创新元素与文化元素融入文化创意产业的生产和服务中，并以一种巧妙的方式和科技紧密结合，实施严格的知识产权保护，积极构建高度市场化的公平性交易平台，才能使创意广泛渗透到经济当中，参与经济循环，从而为社会创造巨大的财富。

二、文化性

任何一种文化创意产业均须将特定的文化作为基础，因为创意不仅是对特定文化的创新，也是一种文化的具体体现。文化创意产业作为一种新兴业态，具有鲜明的创新性特征，要求企业拥有强大的创新能力，并能够有效地将这些能力转化为竞争优势。文化创意产业既是一种简单的经济行为，又是一种特殊的精神生产与文化生产。文化创意活动的本质在于积累、生产、交换以及消费文化符号，这些符号都是以知识与智慧作为特征的，与以自然资源为基础的传统物质生产活动相比有非常明显的不同。文化创意产业和传统产业最大的区别在于前者生产无形的文化产品，后者生产有形的物质实体。因此，文化创意产业不同于一般意义上的制造业，是一种特殊类型的产业。文化创意产业不仅具有经济属性，还具有一定的意识形态属性。文化产品与一般物质产品一样，在满足人们精神需求方面发挥着不可替代的作用。文化产品的价值一方面在于其商品属性、知识性以及娱乐性，另一方面是它能够对公众的价值取向以及情感产生非常深远的影响，对整个社会的文化环境、科学文化等多个方面产生巨大的社会效应。在文化产业中，创意产业占有举足轻重的地位，是推动国民经济发展和提高人民生活质量的动力之一。数字化和网络化已成为文化创意产业不可避免的发展趋势，是一种知识、信息和技术密集的产业形态，是一个国家软实力、综合国力的体现，由此可见，它是充满无限生机的经济增长点。

三、高附加值性

文化创意产业就是一种基于文化之上的新型文化产业，是知识经济时代的产物。知识与信息是文化创意产业的核心生产要素，尤其无形资产作为一种高度增值的产业，是具有自主知识产权的。在文化创意产业中，商品的高附加值性体现在创意所赋予的观念价值上，随着经济发展的不断推进，观念价值在商品价值中所占比重也越来越显著。就本质而言，文化创意产业本身就是一种精神产品。在经济发展水平低下，技术相对滞后，物质匮乏的时代，人们更加注重商品的实用价值，步入知识经济时代后，技术交流和扩散的速度加快，使商品变得越来越丰富，因此，商品中的"精神性"观念价值所占比重日益增多。从经济学角度看，文化创意产业作为一种新的生产要素，投入少、产出多，能产生巨大经济效益和社会效益。因此，在文化创意产业向传统制造业渗透的过程中，我们可以有效地促进传统制造业，逐渐向高附加值产业的转型升级，从而实现产业升级的目标。例如，我国是一个服装大国，服装业已经形成了一定规模，成为一个高度传统的产业，随着创意的不断涌现，随之而来的是服装业逐渐变成一种附加值产业，知识密集型的特性使其能有效地克服城市土地资源瓶颈的限制和束缚，从而实现持续快速的发展。

文化创意产业所生产的文化产品，特别是那些具有原创性的，都属于高附加值产品，因此，文化创意产业也必然是一种高附加值产业，在对文化产业进行规划时，必须把发展文化创意产业作为重点和突破口。从事文化创意产业所需的劳动是一项高度复杂的任务，这种任务所带来的价值则是简单劳动的倍增，同时文化创意产业中创造性和创新性又决定了该行业的高收益性。尤其是致力于创造具有原创性文化产品的劳动，所带来的价值远超过简单的劳动，与经济学相关的规律不谋而合。所以，从经济上来讲，文化创意产业的发展与资本市场有着非常紧密的关系，它能够为投资者带来巨大收益。

四、融合性

文化创意产业具备一定的融合性，它可以与各行各业相互交融、相互渗透，从而形成一种高度的综合性和协同性。将技术、文化、制造以及服务有机融合为一体的融合性，为产业的延伸提供了十分有利的条件，同时也进一步扩展了经济发展的空间。其主要表现在两个方面：一是文化创意产业与现代服务业相互渗透。文化创意产业，尤其信息化催生的高新技术，能够展现出强大的生命力，这种生命力不仅体现在其高速发展上，更体现为其对传统文化产业的高度渗透。从这个意义上来说，文化创意产业既具有传统产业属性又具有新兴产业性质；二是在文化创意产业中，不同部门之间相互渗透，形成了一种错综复杂的互动关系。随着信息技术的应用和生产方式的根本性转变，传统的文化部门之间的边界被打破，这促进了更多的相互渗透与融合，同时将和买卖双方密切相关的市场区域概念成功转化为市场空间概念。文化创意产业已成为各国新时期国民经济中最活跃、最具潜力和竞争力的增长点之一。文化创意产业的蓬勃发展，对优化产业结构、推动产业升级、实现经济增长方式的转型，起到了十分重要的作用。

五、强辐射性

文化创意产业之所以具有强大的辐射性，是因为其文化底蕴具有广泛的影响力。众所周知，文化创意产业是一个由多种行业组成的综合性体系，其内部各部门之间存在着密切的互动关系。产品的竞争在知识经济社会当中，实际上通过倡导或者展现的文化，对公众的生活习惯、意识形态等多个方面产生影响，从而引发公众对某种产品的喜爱和接受。在市场上，任何一款具有价值的产品都蕴含着独特丰富的文化内涵，这些内涵是不可忽视的。文化创意产业作为知识经济时代新兴的朝阳产业，它的发展离不开经济的支撑和强大的科技力量的支持，更有赖于社会大众对于文化创意产业的认可与喜爱。随着人们对文化内涵的追求日益强烈，文化的广泛传播与影响，使得市场上富含文化内涵的产品得到进一步的扩张，同时这也是文化创意产业辐射力的体现。产品所具有的文化属性与消费者对于文化商品的心理需求之间有着十分密切的关系。言下之意，正是产品所蕴含的文化特质和精神内核，推动了其在特定的消费领域和消费层面上的增值、畅销和辐射。文化是一种特殊的商品，随着21世纪的到来，人们进入了一个以体验为主导的经济时代，开始对更多文化进行消费。随着社会经济发展水平的不断提高，消费者已经不再满足于简单地购买商品，而是更加关注自身的生活质量和品位，并且由于消费方式的演变和消费结构的升级，产业得到了升级和发展。

六、知识产权性

在文化创意产业中，有形资产的数量相对较少，信息、知识等无形资产作为核心生产要素和知识产权密不可分。据文化创意产业的定义，其财富创造依赖于知识产权的开发和利用，所以若无知识产权的开发与利用，文化创意产业便无从谈起。知识产权是文化创意产业发展最重要的支撑因素之一。知识产权的生成与利用不仅是文化创意产业的核心资产，还是社会财富创造的主要途径之一。若缺乏知识产权，文化创意产业将陷入无序复制和模仿的混乱境地，整个行业将陷入存亡与发展的危机之中。由此可知，文化创意产业的繁荣发展，离不开国家对知识产权的高度保护和维护。

七、人才特征

文化产品的核心在于创意，文化创意产业的灵魂则在于具备创新思维和高素质的人才。文化创意产业的存亡和发展，在很大程度上取决于具备创新思维和创造力的人才，创意人才又直接关系到文化事业的繁荣与发展。在培养和塑造创意人才方面，其过程与传统产业人才培养有着显著的差异。可以说，创意人才已经成为一个国家或地区经济竞争力和国际影响力的核心要素之一。知识型劳动者是创意人才的重要组成部分，他们是可以充分激发创意灵感的设计大师与独特专才。创意人才在现代企业中发挥着重要作用，已成为推动经济增长方式转变、提升国家竞争力的决定性因素之一。创意人才所从事的工作具有独特性和不可替代性，他们持续性地推陈出新，不断探索新的理念、技术与创意领域。创意人才的职业能力除了源于个人丰富经验的积累之外，也源于个人灵感的迸发。现代生产方式融合了脑力与信息化、体力等多种手段，真正实现了智能化和实时化的灵活生产。随着工业化进程的不断推进和后工业化社会的不断发展，文化、教育等多个领域的创意人才，在人口中所占比例正在逐步攀升。创意产业已经成为世界经济增长的主要动力之一，是未来国际竞争力的核心要素之一，为了促进我国文化创意产业的快速发展,我们必须加强对专业创意人才的大力培养,要建立起一个完整的创意人才链,只有这样,创意人才才可以汇聚在一起,迸发出无限的创意火花,从而将复杂的文化创意产品高效地转化为生产线上的产品。

第三节　文化创意产业的行业性质

一、文化创意产业的本质是知识服务业

文化创意产业的核心是创意，它属于知识性的创造劳动，创意的产业化相当于知识服务化的过程。从这个角度来说，文化创意产业的本质就是知识服务业，或者说它的性质就是知识服务，只不过这里的知识与一般的知识内涵不同，它指的是创造性的知识——创意。

同时在知识经济发展的背景下，知识与科技、资本、资源等各种要素相互结合构成"合力"，其发展的路径与传统经济相比较而言相差甚远，从而使整个社会加速步入新的经济时代。文化创意产业在这种知识经济大背景下，形成一种新的运行模式。这种运行与知识服务、知识发展密不可分。因为文化创意产业依赖的是文化资源与其他生产要素紧密结合，强调以文化产业化和产业文化化为创新，是一种文化、科技与经济互相渗透、互相交融、互为条件、优化发展的经济模式。具体来说，它的运行模式以创新为灵魂，强调人的主体地位和主导作用，能够使经济运行建立在文化、知识、智慧、价值观念、精神动力、人文环境以及高科技和文化发展所形成的巨大创新能力和高素质人力资源之上。

二、文化创意产业的根本观念

文化创意产业的根本观念是通过"越界"促成不同行业、不同领域的重组与合作。这种越界主要是基于创意的强渗透性，正是这种产业间的渗透，带动了国民经济中产业发展的新增长：农业注重科技与创意，节省资源耗费，发展呈科技化的趋势；第二产业产业结构升级，带动了企业进行调整；第三产业不断细分，打破第二、三产业的原有界限，服务经济的观念深入人心。

文化创意产业一方面是在过去总体的文化产业基础上发展起来的产业，另一方面又是不同于过去文化产业的新的产业形态。文化创意产业往往是在制造业充

分发展、服务业不断壮大的基础上形成的,是第二、三产业融合发展的结果。但与原来的第二、三产业发展不同,在当下的全球化消费时代,市场的全球性与传播的全球性,需求的精神化、心理化、个性化、独特化和消费的时尚化以及网络的一体化,使得文化创意作为产业从根本上改变了过去固化的稳态工业发展模式,而代之以不断变动的创意策划、创意设计、创意营销、创意消费。而这一切产业链主要依赖于创意阶层,靠的是创意群体的高文化、高技术、高管理,特别是创意阶层中最富创造性的高端创意人才。

三、文化创意产业的属性是产业

文化创意产业是产业发展新阶段的产物,特别是在人类进入21世纪之后,文化创意产业的发展已经超越文化产业,成为新世纪的朝阳产业。同时文化创意的产业属性越来越显著,文化与创意的产业化不断助推生产力的发展,而生产力发展中又蕴涵着新的文化,文化与经济呈一体化发展。

文化和创意是受时空限制最小的全球性资源,文化创意产业是极具扩张性、开放性、带动性的产业。它不仅能创造出无穷的新产品、新服务、新市场、新就业机会、新社会财富,而且能极大地提升产业能级。西方许多学者注意到文化创意产业对优化现有产业结构的重要作用。奥康纳认为,"地方和区域战略后10年的任务是找到一种可以把文化产业与更广泛的制造业部门联系起来的方式,创造性、风险、创新和信息、知识与文化在全球经济中将具有核心作用"[①]。

四、文化创意产业是一种风险产业

文化创意产业生产的产品不再是过去时代的基本物质性必需产品,而是更富于精神性、文化性、娱乐性、心理性的产品。随着人们生活水平的提高,人们对这种精神性的产品的需求在总体上日益提升,需求量越来越大,这是文化创意产业发展的根本动力。但是对于每一个具体的产品如电影、电视剧、广告片、MTV

[①] 金元浦.数字和创意的融会 文化产业的前沿突进与高质量发展[M].北京:中国工人出版社,2021.

（Music Television，音乐电视网）、动漫、网络游戏来说，这种需求又有很大的不确定性。每个创意产品对于消费者的需求来说，存在着时尚潮流、个人嗜好、传媒炒作、时机选择、社会环境、文化差异、地域特色等多种不确定因素，这也大大增加了创意产品的风险。因此，文化创意产业的发展需要政府的扶持与倡导。从当代经济发展来看，文化创意产业无疑是风险产业，对文化创意产业的投资是一种风险投资。风险投资被认为是当代经济增长的发动机，它以知识创新与高新科技为支持体系，具有高收益、高回报和高增长潜力的特性，但这种高收益也可能遭遇风险。即使是十分成熟的好莱坞电影，一个著名导演也无法保证他的每一部电影都能成功。成功与风险并存，这就是文化创意产业的特点。

第四节 文化创意产业的发展规律

一、文化创意产业的发展条件

文化创意产业首先是在发达国家发展起来的，例如，英国、美国、日本等，这并不是偶然的事件，更不是只靠政府的政策推动。纵观发达国家文化创意产业发展的历程，我们可以从中总结出文化创意产业发展的一些基本条件。

（一）市场化的交易平台和手段是文化创意产业发展的前提

市场化是文化创意产业的重要特性，发展这一产业的最终目的是产生新的市场增长点，推动经济的发展。因此，创意产业的发展不能仅仅依靠政策支持，还必须依靠市场化的交易平台和手段。

目前，我国文化创意产业既是市场不成熟、需求不稳定、产业链尚不完整的风险产业，又是有效需求高速增长、市场前景十分广阔、经济效益非常诱人的朝阳产业。因此，文化创意产业需要一个良好的发展环境、高效的政策支持机制、高技术的基础设施、相互接驳的产业链条和一个高度市场化的交易平台。只有通过完善和有效的市场交易，企业才能降低交易成本，我们也才能力争使文化创意产业依据市场化机制加速发展。

在经济全球化的背景下，文化创意产业的竞争最终是国际性的，在这一点上，发达国家的文化创意产业已经延伸到世界的各个地区就是最好的证明。文化经济对经济的全球扩张起着重要作用，也是未来发展的必争之地。因此，文化创意企业市场化的经营意识必须培育，经营手段也必须遵循市场规律，文化创意产业必须逐步向市场化发展，当然在这一过程中，国家有关部门也必须从政策和体制上给予支持，协调好市场化竞争与文化保护的关系。

（二）本国居民对文化产品的消费需求是文化创意产业发展的经济基础

居民对文化产品的消费能力是文化创意产业发展的内在动力。文化产品属于高收入弹性的精神消费品,一个国家居民的收入水平和消费能力决定了文化产品的市场潜力。创意经济大师约翰·霍金斯断言,当人均GDP达到8000美元时,社会的产业分工将发生明显变化,创意产业的比重将迅速上升。联合国教科文组织的数据显示,一国国民收入与文化产品的消费量有密切的正相关关系,与该国文化产业竞争力也呈正相关关系。①

除了整体的国民收入水平,同样重要的是收入所呈现的分布情况,它决定了包含不同层次艺术价值的文化产品的消费群体,以及其消费能力。当前,我国国民收入的平均水平还比较低,对文化产品特别是上档次的文化产品的消费能力还欠缺;收入的分布情况一直是城市居民高于农民、东部地区居民的收入水平高于西部地区,因此,东部城市对于文化产品的需求要高于西部,高于农村。尽管改革开放之后,我国的经济发展取得了长足的进步,人们对精神文化的需求在不断增强,文化创意产业的发展有一定的市场消费空间,但收入差距也将导致文化产品市场流动的不平衡,这限制了文化创意产业的健康发展。因此,只有千方百计增加居民收入,努力公平分配收入,才能有效地刺激文化产品的消费需求,拉动文化产品的创作和生产,产业链的发展也才能变得流畅。

(三)科学技术水平是文化创意产业发展的支撑要素

文化创意产业在全球范围的出现与现代科技的高速发展是密不可分的。首先,现代科技的高速发展提升了人们的生活水平和生活质量,精神性的消费需求得以被大量地释放,这些消费包括出版、艺术、快乐体验等;其次,文化的产业化发展必须建立在信息科技发展的基础上,比如,大众传媒技术的广泛出现和发展。一方面,信息技术提供了文化得以产业化的手段,另一方面,大众传媒的发达也激起了文化的大众化消费热潮,进一步刺激了文化的产业化进程;最后,高度个性化的文化创意产业领域,一方面需要多样性的文化资源和文化想象力,另一方面也高度依赖于现代电子信息技术手段,只有在虚拟的空间里,才能真正比较自由地实现"没有做不到,只有想不到"的个性创意境界。虚拟技术的普及,正好

---

① 吴存东,吴琼.文化创意产业概论[M].北京:中国经济出版社,2010.

与个性化的消费时代合拍，能够真正实现个人生产、个人沟通、个人消费的三位一体。

由此，我们也就不难理解，为什么胡戈创作的一个小小的《馒头血案》就能引发一场空前的网络热潮。类似这样的例子还很多，超级女声现象、盛大网游缔造的传奇、网络歌曲创造的巨大产值等，在这些看似以内容取胜的例子中，其实背后都离不开科技的发展。

（四）健全的知识产权保护是文化创意产业发展的保障

文化创意产业的核心是创新和创造力，而保护知识产权实际上就是对创新成果的保护。我们知道，文化创意产业发展的路径，就是从文化创意变成知识产权，然后再创造财富。由于创意产品通常与科技新产品相比，具有更强的外在表现形式，也就是容易被模仿，倘若知识产权保障不足，原创人员在创作过程中所做的大量投资（研究、设计、制作等活动所花费的人力、物力投入）便难以收回甚至会血本无归。长期下去，将会严重妨碍文化创意产业的持续发展。

我国应该进一步加强对知识创新、文化创新和技术创新的保护，完善相关的政策，促进文化创意产业的发展。

二、文化创意产业的多维度发展规律

（一）文化创意产业发展的规律——从时间存在的角度

与以往其他产业的产生过程一样，文化创意产业这一全新的产业也是社会分工日益深化的产物。在工业化时代，创意依附于其他产业中，只为本企业提供服务。进入知识经济时代后，知识在生产中的地位和作用逐渐提升，直至成为推动经济发展的主要驱动力。在这样的趋势下，创意在产业链中的地位及创造的价值不断提高。为了提高效率和摆脱特定产业的束缚，创意最终从原有产业中剥离，当这种"剥离"形成规模效应的时候，它就成为独立的产业，以第三方的身份提供专业化服务。

和其他产业的发展周期规律一样，文化创意产业也必须经历产生、成长、成熟这些阶段。但其不同之处在于，文化创意产业不存在衰退期。文化创意产业是以创意为基础、以人才和文化为核心要素的知识密集型产业，而人才、文化、人类思想的创意是无限的，所以只要人类的思想仍在活动，文化创意产业就能够不断发展，并推出新的创意产品。

（二）文化创意产业发展的规律——从空间聚集的角度

世界上许多国家的文化创意产业及其相关产业，一般倾向于在大城市集聚。例如，洛杉矶、纽约、伦敦、巴黎、柏林、罗马、东京等城市。这些城市之所以成为文化创意产业的集聚地，并不是政府预先规划出来的，而是在历史文化积淀的基础上逐渐发展起来的。文化创意产业聚集的现象在某种程度上也揭示出文化创意产业自身的发展规律。

首先，文化创意产业的发展来自人的创造力以及与技术、经济、文化的交融。例如，数字艺术产业以数字媒体内容设计和制作为中心，涵盖影视特效、电脑动画、游戏娱乐、广告设计、多媒体制作、网络应用、电子教育等领域。但是，并不是这些领域都能成功地发展创意产业，如果艺术家创造力不强，企业家缺乏激发创造的动力，创意产业就无法形成。

其次，创新城市才能发展文化创意产业。即不仅要提供效率基础结构（公共服务、运输、电信），而且要提供创意基础结构（高品质的大学、研发设施、风险投资及知识产权保护等法律保障和能够吸引有创造力的人才的环境条件）。

最后，文化创意产业的发展并不仅是个人和单个企业的行为，需要集体的互动和企业的地理集聚，这就是集群的环境。文化企业、非营利机构和个体艺术家可集聚和互动，形成独特的集群发展环境。文化创意产业集群的特征是创意人群生活和工作结合、文化产品生产和消费结合，有多样化的宽松的环境，有独特的本土人文特征，而且与世界各地有密切的联系。按照文化创意产业的这一群聚特征，政府和相关的非政府机构应深入思考具有创造力的人群的区位需求，研究他们喜欢到什么地方去工作、创业、生活，为创意人群的不同区位需求提供不同的专业化的培训教育机构、灵活的人才市场、多样化的市场需求信息服务和相关的产业支撑。

三、文化创意产业的社会作用

从文化创意产业产生的条件中可以发现，文化创意产业可对社会的发展产生多种作用。这些作用主要表现为推动经济增长方式的转变、促进经济的可持续发展、增强城市的综合竞争力、协调社会经济的全面发展等。

（一）文化创意产业推动社会经济增长方式的转变

目前经济的增长主要依赖知识和技术两大要素的投入，而文化创意产业是头脑产业，这决定了其对经济增长方式转变具有推动作用。

文化创意产业具有很强的渗透性，能够将技术、商业、创造和文化融为一体，使制造业得以延伸，从而有利于拓展制造业的发展空间。文化创意产业在生产环节不仅占据价值链的高端，而且有广泛的产业关联性，其核心业务创意设计可为众多行业生产提供服务，在创造自身价值的同时能够带动相关产业的发展，这是文化创意产业成为高成长性产业的基础。

文化创意产业可以提高消费中的文化含量，其强大的辐射力，不仅有利于扩大产品与服务的市场，还有助于推动消费方式的转变和消费结构的升级，并能进一步促进产业结构的优化与升级。产业结构的优化与升级，可带来经济结构的根本性改变。除了对传统制造业的促进作用外，文化创意产业对包括服务业在内的第三产业结构也有着巨大的提升和催化作用，可促使传统的第三产业迅速裂变成新的产业群，由此将第三产业结构提升到一个新的层次，推动城市的综合服务功能攀升至最高境界。同时，发展文化创意产业有利于培育新的经济增长点。文化创意产业的繁荣可以扩大消费需求，实现消费需求与经济增长之间的良性循环。

（二）文化创意产业有效促进城市经济的可持续发展

城市经济在国家经济发展中担任着极为重要的角色，但自人类工业化发展以来，城市的发展空间已趋于饱和，资源的利用已至极限，唯有另辟蹊径，方能继续在国家经济建设中扮演重要角色。城市要实现可持续发展，必须实现三个转变：一是，经济发展的核心要素由物质、生态、环境等自生性资源向知识、技术、智力等再生性资源转变；二是，经济增长方式由资源浪费、环境污染向资源节约、环境友好转变；三是，城市经济形态从工业经济向知识经济形态转变。文化创意产业则是城市实现三个转变的桥梁，城市要实现可持续发展，必须大力发展文化创意产业。

从降低对物质资源的依赖、提高空间资源的集约利用、优化产业结构、转型城市功能等方面看，文化创意产业是城市可持续发展的必由之路。

文化创意产业是对自然资源投入依赖较小的经济。文化创意产业的发展离不开必要的物质资源，但文化创意产业能将这种物质依赖性降低到最小限度。首先，文化创意产业的发展立足于个人的创造性活动，而人的创造力、智力技能等创意资源是可再生的，是取之不尽、用之不竭的，具有永续利用的可能；其次，文化创意产品和服务以数字化创作生产、网络化传播消费为基本特征，生产和消费天然具有空间占用少、物耗能耗小、污染排放低的特点；再次，文化创意产业以信息技术和数字虚拟技术为基础，能使传统意义上边界清晰的不同产业在技术应用的基础上通过创意的力量形成产业融合趋势，从而极大地消解时空距离和常规资源对传统产业的制约，降低经济发展对自然资源的依赖。

文化创意产业是集约利用城市空间资源的经济。文化创意产业的发展需要企业的地理聚集。与其他产业不同，文化创意产业偏好于对存量空间的组合利用和集约利用。组合利用指文化创意产业在城市废弃空间的集聚，依托旧厂房、旧仓库的集聚兴起是文化创意产业发展的模式之一。工业化导致的交通拥堵、环境污染等"城市病"，驱使传统制造业企业迫于成本压力逐渐转移出中心城市，选择新的区位。制造业的移出导致城市产业空洞化，城市中心区域出现大量闲置空间。文化创意产业发展之初，产业组织和生产活动规模较小，对空间成本比较敏感。城市废弃的工业建筑历史悠久，有丰富的工业文化内涵，经过设计组合，可具备很强的吸引同类企业入驻的能力。与旧城改造相比，创意产业与旧厂房、旧仓库的组合，可有效降低城市改造成本，其空间组合配置效率高。

文化创意产业是推动产业结构不断优化升级的经济活动。尤其是创意产业，对城市产业结构优化升级的推动表现在三方面：一是文化创意产业可带动服务发展。受资源、环境承载能力的制约，城市产业逐渐分化，传统制造业移出中心城市，而制造业中的研发、设计、营销、管理部门被逐渐分离出来成为独立的生产性服务企业。二是文化创意产业有利于巩固城市的资源优势。现代城市是人才、技术、信息等资源的聚集地，而文化创意产业占据价值链的高端，是科技、文化和创造力的融合，这无疑将巩固城市的资源优势。三是发展文化创意产业有利于城市产业发展。创意产业关联度高，中、下游产业链可延伸性强，对区域产业的带动作用明显。

文化创意产业是推动城市功能转型的经济。城市功能转型是城市经济可持续发展的关键，城市的发展又可推动边缘地区的经济发展，从而提升国家的市场竞争力水平。文化创意产业可带动城市现代服务业的发展，是引导城市功能由生产型向服务型转变的有效渠道。首先，文化创意产业逐渐取代原有的消耗资源、污染环境的制造业，可通过向市场提供研发、设计、创作等生产性服务，进一步扩大城市的经济联系，增强城市作为区域经济中心的服务功能；其次，对于资源环境承载能力较弱的城市，文化创意产业有助于促进其现代服务业的发展，优化产业结构，转型城市功能，促进区域经济协调发展。比如，资源型城市在工业化过程中，生态环境承载能力下降，城市经济面临倒退。为此，有必要通过挖掘本地独特的创意资源，营造创造性、个性化的城市环境，吸引文化创意人才和创意企业集聚，发展独具特色的创意产业，生产高技术、高文化含量、高附加值的产品和服务，促进城市产业结构优化，增强城市的服务功能，降低城市经济发展对自然资源的依赖和对生态环境的破坏，并以文化创意的创新优势来弥补资源与资本的劣势，为经济持续发展提供新的动力。

（三）文化创意产业增强区域尤其城市的综合竞争力

创新能力是国际竞争力的核心能力之一，文化创意产业体现了区域尤其是城市的创新能力。当今世界，有影响力的顶级城市无一不是文化创意产业最集中、最发达的地区，都以独具特色的文化创意产业闻名世界。英国伦敦、美国纽约、法国巴黎、日本东京等，无不因创意经济的发展而充满活力，以崭新的面貌跻身于世界城市的前列。文化创意产业能够提高城市的功能再造能力，能够增强城市的综合竞争力。

文化创意产业以其巨大的文化附加值及其对相关产业的带动作用，能使整个城市产生增值，提升城市形象，并能以巨额利润吸引越来越多的投资者。文化创意产业改善了城市的运转机制，加快了城市物流、信息流的传递速度，提升了城市集聚和扩散的功能。其中的创意产业的发展和繁荣催生了一批创意产业集聚区，强化了城市外部的影响力，增加了城市的文化含量，又促进了城市内在布局的优化效果，使得城市空间布局趋于合理化。文化创意产业能推动城市的功能再造，能为城市的规划提供新的思路、为旧城改造提供新的契机，也能创新城市文化氛围，使城市更具魅力。

（四）文化创意产业协调社会经济的全面发展

文化创意产业的发展，以科学发展观为导向，以实现广大人民的根本利益为最高标准。文化创意产业的发展，将极大地促进先进文化转化为先进生产力，从而真正落实城乡发展、区域发展、经济社会发展、人与自然和谐发展、国内发展和对外开放的五个统筹。文化创意产业的最终目的就是最大限度地满足人们的精神文化需求，实现经济效益和社会效益的统一。

第三章 数字经济下文化创意产业集聚研究

本章主要对数字经济下文化创意产业集聚研究进行介绍，共分为三节，分别是数字经济下文化创意产业链与理论、数字经济下文化创意产业集聚形成与效应分析、数字经济下文化创意产业集聚动因研究。

第一节　数字经济下文化创意产业链与理论

数字创意产业是随着数字化时代的到来而迅速发展的一种新兴产业，它是现代信息技术和文化创意产业相结合的产物。相比传统文化创意产业，数字创意产业更注重技术、创意和产业化的结合，注重表达方式、内容呈现和传播渠道的多元化，通常会以 CG（Computer Graphics）等数字技术为主要工具。数字创意产业已经成为当今社会中一个不可或缺的产业，它涉及的领域广泛，因此，其不仅是一种新兴产业，还是一个多元化、创造性和具有广阔前景的产业。

目前数字创意产业的应用主要体现在会展领域、虚拟现实领域、产品可视化领域。对产业的关联性进行分析时，我们主要分析该产业的关联效应及波及效应，其理论模型包含产业关联理论和产业波及理论，下面作者在产业链上从理论基础和理论模型的角度对产业关联和波及理论进行分析。

一、数字经济下文化创意理论

（一）产业关联理论

1. 产业关联理论基础

随着信息技术的不断革新与发展，数字经济时代的到来已经成为全球发展的新潮流。在这样一个数字经济时代下，文化产业和创意经济也成了各国竞相发展的新兴产业。其中，文化产业以文化艺术、文学出版、影视娱乐、音乐、设计等为主要内容，而创意经济则涉及新媒体、互联网、广告、平面设计等领域。产业之间的关联性来源于彼此的投入与供需关系。某一产业的产品或服务能够充当另一个产业的投入，或者这个产业以另一个产业的产品或服务作为投入，都能够反映出这两个产业之间存在比较明显的关联关系，同时也能体现产业关联的实质。产业关联的实质具体表现在两方面：一是，任何一个产业的发展都会受到其他产业的影响，而且产业之间的互动会影响整个经济系统的运行；二是，一个产业所生产的产品，同样可能会被当成生产要素而被投入其他的产业中。因此，在当今复杂多变的经济环境下，各产业之间相互理解、协调合作是至关重要的。只有通过加强合作、促进相互依存，才能实现经济生态系统的协调发展，推动整个经济的长期稳健增长。智慧城市在我国的快速发展与实施，能够带动产业转型、促进产业结构优化和产业集聚的形成，也能改变传统产业的组织形式、提高传统产业的劳动生产率，从而使自身的竞争力也得到提升。更为重要的是，智慧城市建设作为一项全新的、系统的城市管理变革方式，关系到城市经济发展方式与资源配置的各个方面，会对现阶段第二产业和第三产业中的诸多行业产生关联影响，使产业部门之间的交流更加密切、产业之间的关联更加复杂，同时能够将信息化、数字化技术融入现代制造业与服务业的业务结构中，产生信息产业与其他制造及服务产业融合现象。文化创意产业的发展不仅能够推进整个文化产业的升级，还能够为经济社会的发展注入新的动力和活力。它能通过激发人们的创造力和创新意识，推动社会的文化进步和多元化发展，当前普遍认为其内容涵盖了版权产业、文化产业、休闲产业、体验经济等。在智慧城市背景下，文化创意产业会对产业链上下游的关联性产生较为重要的影响。

（1）产业关联理论发展历程

产业关联理论早在17世纪就已经产生，古典经济学家威廉·配第（William Petty）及同时期的学者提出了众多观念及构思。1758年魁奈发表了《经济表》，在文中他对生产进行了定义，他认为生产是一种往复循环的过程，并借助剩余价值对生产进行了论述。这一时期的基础理论对产业关联理论的形成具有极大的促进作用，而古典经济学将整体经济系统化的这一思想对产业关联理论具有重大意义。产业关联理论参考了《经济表》中应用图表的方式表达产业的生产过程，进而使投入产出这一观念得以形成。

在产业关联理论萌芽的整个阶段，马克思对于该理论的发展作出了重要贡献，他在继承和发展古典经济学的同时，首次提出了剩余价值学说，并在魁奈的理论基础上进行了拓展论述，又提出了再生产和扩大再生产理论。

1874年发表的《纯粹政治经济学纲要》中的"全部均衡理论"，由产业关联理论另一位贡献者瓦尔拉斯（Walrasian）提出。全部均衡理论是一个理想的状态，即假设要素供给、产品偏好和生产函数对消费者既定不变；要素市场和商品市场是完全竞争市场；规模报酬几乎不变；家庭作为商品的消费者和要素的供给者，厂商作为要素的需求者和商品的供给者，二者共同决定了商品和要素的价格和数量。在这个模型中，生产者的目标是追求利润最大化，这促使它们不断创新、降低成本、提高生产效率。消费者的目标则是追求效用最大化，选择并支付符合自己需求和价值观的商品和服务。为了让整个经济体系达到均衡，相关人员需要在这一理想的状态下使市场全部出清价格。

产业关联理论最重要的贡献者之一是里昂惕夫（Leontief），他被称为产业关联理论的创始人，他提出了投入产出理论，并系统地阐述了投入产出理论的基本原理及发展。里昂惕夫在全部均衡理论的基础上创建了另一个理想状态：

①商品必须具备相同的工艺和成本。

②商品的价格和需求量都是已知的，只会在产量上进行调整。

③具有线性的生产函数。

④无法在投入之间进行替代转换。

在投入产出理论中，通过强调不同部门之间的技术经济联系，我们可以优化全部均衡方程体系，可以将其变得简化。里昂惕夫投入产出理论的核心在于，将中间需求和最终需求、中间投入和附加价值综合在一起，并最终构成一个以供求平衡、收支平衡为轴心的体系，从而可以更加有效地分析和评估不同部门之间的关系，优化生产和贸易流程，提高整体经济效益。

产业关联理论在不同时期的发展表现为不一样的特征，可呈现出从最优化、动态化到应用多元化的变化趋势；产业关联理论模型由静态向动态发展；通过不断深入研究产业关联理论模型，其编表技术不断发展，结构与内容趋于合理，产业关联理论的实践应用日益多元化。

（2）产业关联的方式

产业关联性在经济活动中扮演着重要角色，它指的是产业部门之间相互依存、相互交织的技术经济联系，是现代产业经济体系的重要组成部分。产业关联方式是产业关联性的具体表现，它包括产业内部的关联方式和产业之间的关联方式。在产业内部，不同企业之间的关联方式主要是协同合作、竞争合作等，而在产业之间，协同发展、产业链衔接、资源共享等则是常见的关联方式。在美国经济学家赫希曼（Hirschman）的著作《经济发展战略》中，有对产业关联方式的论述，他认为产业关联方式可以按照多个维度进行分类：按产业间供给与需求联系分，按生产技术的特点分，按产业间的依赖程度分。

根据产业部门之间的供给和需求联系，我们可以将产业关联方式分为前向关联和后向关联两种类型。前向关联是指一种产品对另一种产品供给的容易程度产生影响而发生的联系。商品在生产过程中，由于不同产业的生产工序前后顺序不同，一些先行产业部门生产的产品可以为后续产业部门提供生产要素。其作用表现在前向关联产业部门由于一个产业在生产、产值、技术等方面的变化，可能引起自身相应方面的变化，以及引发新技术的出现、新产业部门的创建等。后向关联是指通过影响对其他产业的产品的需求，后续产业部门以先行产业部门为基础，为其提供产品和服务，以满足先行产业部门的生产消耗需求。以橡胶产业、轮胎制造业和汽车生产企业为例，轮胎制造企业对原材料的纯度提出更高的要求，属于后向关联，它要求橡胶产业提供更高质量的原材料，以满足其生产需求；而轮胎制造企业自身的技术革新属于前向关联，它的革新可以带动汽车生产企业进行汽车设计和生产上的升级进步，以更好地迎合市场需求，推动整个产业的发展。

依照技术工艺的特点，产业之间的关联方式可以被分为单向关联和多项循环关联。单向关联是指先行产业部门提供产品给后续产业部门，后续产业部门可以利用先行产业部门提供的产品进行生产，但是先行产业部门在生产过程中不能利用后续产业部门所生产的产品；多项循环关联则是指先行产业部门提供产品作为后续产业部门的生产性直接消耗，同时后续产业部门的产品也可以提供给相关先行产业部门作为生产要素进行再生产。产业间的关联方式不仅要考虑到产品上的关系，同时还要考虑到工艺上的关系。这种分工方式有助于不同产业部门在产业链中更好地配合，能共同推动整个产业链的发展，实现资源的最大化利用，提高经济效益和竞争力。

依照不同产业之间的依赖程度，我们可以将产业关联方式划分为直接关联和间接关联。这种产业间的关联方式反映了不同产业之间的依赖程度和联系强度。在直接关联的产业中，各产业部门之间直接进行产品、技术等的交流和交换，呈现出相对短链、高效率的特点。而在间接关联的产业中，各产业部门通过中间产业进行联系，这种产业链较为复杂，牵扯到的产业部门相对较多。

2. 产业后向关联理论分析

后向关联需要通过后向关联效应进行分析，后向关联效应指的是一个产业在生产、产值、技术等方面完成了突破，在生产方面发生巨大变化，引起上游产业部门在这些方面的变化。即某产业自身对投入品的需求抑或是要求发生了改变，由此使得提供投入品的产业部门在投资、生产、技术等方面也发生了改变。同时，后向关联效应会对人员流动、商品交易和配套设施建设等产生影响，对相关产业部门也会提出新的投入需求，这些投入需求能够促使上游产业在制度、管理水平、运营效率和策划营销等方面获得更大的创新和发展。

产业后向关联效应分为直接后向关联效应和完全后向关联效应，所对应的指标为直接消耗系数和完全消耗系数。消耗系数反映了产出与消耗之间的消长比例关系，系数值的大小表明产业间技术经济联系的紧密程度。系数值越大表明产业间的技术经济联系越紧密，产业之间的拉动力越大。

消耗可被分为直接消耗和完全消耗两种不同的类型，直接消耗指的是在生产产品的过程中，产业直接使用的技术和生产要素，但在实际的生产过程中，产业所需的技术和生产要素往往多种多样，因为也会或直接或间接地使用其他产业的产品和服务。完全消耗则是指产业生产产品的过程中直接和间接使用的消耗总和。在经济活动中，我们需要考虑消耗对整个经济系统的影响，从而更好地理解产业之间的联系，并制定更加科学合理的经济政策和战略。除此之外，直接和完全消耗也能反映一些产业之间的制约关系和演化趋势。通过分析完全消耗系数和直接消耗系数，我们能够看出某些产业之间的联系和依赖程度，以及某些产业之间的关系是否具有对称性。这些分析能够为部门之间的协作和合作提供依据，也能够为部门之间的竞争和转型提供启示。从更高维度来看，直接生产联系也是一种分工协作和资源共享的体现，进而促进产业中的创新和升级，推动整个经济的发展。在国民经济各部门之间、产业之间除有直接的生产联系外，还有间接的生产联系。

3. 产业前向关联理论分析

前向关联分析与其后向关联分析一致，最为重要的一点是对其关联效应进行分析。前向关联效应是后向关联效应的对称，反映某产业技术上的改进、价格的上涨或下降对下游产业的直接影响，即对下游产业的推动作用的大小。某一产业快速发展会产生一种前向推动作用，使得新技术、新原料、新产品、新管理出现并发展，进一步升级中间投入的下游产业的产品或服务。

直接分配系数和完全分配系数能够衡量一个产业对另一个产业的前向关联效应。分配系数的大小表示关联度的高低，同时也能够体现一个产业通过供给产品或服务而对另外一个产业产生影响的程度。分配系数越大表明影响程度越大，推动力越大。

直接分配表示在经济活动中产业之间进行直接的生产、技术等投入。但在实际经济活动中，存在一个产业对多个产业的要素的情况，导致产业之间的投入关联不是单一的，也就产生了直接方式和间接方式。直接分配系数反映直接方式，表示为某一产业部门生产的货物或服务提供给其他产业部门使用的价值量。完全分配系数是全部直接分配系数和全部间接分配系数之和。完全分配系数可更全面、更深刻地反映产业部门之间相互依存的数量关系，能够揭示产业部门之间直接和间接的联系。在国民经济各部门之间，各种产品间相互提供的价值量除了直接分配外，还有间接分配。这决定了各种产品在生产过程中除有直接的生产联系外，还有间接联系。完全分配系数则是这种直接分配和间接分配的全面反映。

（二）产业波及理论

1. 产业波及理论基础

产业波及理论在本质上属于产业关联理论，产业波及理论认为产品在某一方面的进步不仅会直接影响与之直接关联的产业，还会进一步扩大到其他相关产业，导致整个经济体系发生连锁反应。例如，一个产业的产值和需求的增加，需要消耗更多的原材料和能源，从而刺激采矿、能源、物流等产业的发展；另一方面，它的技术进步和创新可以带动与之相关的研发、设计、制造等领域的发展。此外，一个产业的衰退或倒闭也会影响与之相关的产业，甚至是整个经济体系。产业波及理论以古典经济学、政治经济学以及西方经济学为基础。

(1) 古典经济学

古典经济学源于经济思想中的"重商主义",其代表的是资产阶级的利益。这些资产阶级精英们希望通过对资本主义生产的内部关系和运作方式进行研究,来更好地帮助其实现财富增长。这些研究成果不仅有益于资产阶级自身的发展,同时也推动了整个资本主义社会的进步。其中,大卫·休谟(David Hume)的相关著作于1752年出版,被视为资本主义经济兴起时期的重要参考文献。亚当·斯密继承了其思想,其著作《国民财富的性质和原因的研究》于1776年问世,是古典经济学的奠基之作,同时也为后来马克思主义的兴起奠定了理论基础。对古典经济学最为重要的贡献者是大卫·李嘉图(David Ricardo),他对推动古典经济学的发展具有深远影响。古典经济学理论的核心是经济增长产生于资本积累和劳动分工相互作用的思想,其内涵为资本积累过程的不断加剧,能够促进生产专业化和劳动分工的发展,从而提高生产效率、降低生产成本,进而提高产品的供给量和质量,满足消费者的需求。而劳动分工反过来通过提高总产出,可实现经济增长,增加社会财富,产生更多的资本积累的机会,进一步推动生产专业化和劳动分工的发展,形成正向的循环。古典经济学理论强调各生产之间产生相互作用,不同经济部门生产中存在相互影响。

(2) 政治经济学

政治经济学的研究对象为历史的生产关系或一定的社会生产关系,即把社会生产关系及其发展规律、生产和再生产中人和人的关系作为自己的研究对象。马克思在推动政治经济学发展过程中有重大的发现,特别是在社会学领域作出了重大的贡献。他通过研究经济学和英国历年的经济统计资料,选择性地汲取了古典经济学理论的知识,提出了剩余价值理论,进一步发展了再生产理论,阐明了社会各个发展阶段中各产业部门支配物质资料的生产、分配、交换和消费规律;他通过对社会总资本的再生产进行全面分析,把社会产品按实物形式分为生产资料和消费资料两个部分,按价值分为不变资本、可变资本和剩余价值三个部分。这解决了古典经济学中等量资本获得等量利润并不违背价值规律的难题。

马克思的再生产理论是在法国古典经济学家、重农学派创始人魁奈和英国古典经济学家亚当·斯密提出的再生产理论基础上批判性继承的成果,论述了再生产过程包含物质资料再生产、劳动力再生产和生产关系再生产。马克思的再生产理论认为"再生产"是人的再生产、生命的再生产，不仅如此，马克思还认为"再生产"是整个自然界的再生产以及社会关系的再生产。马克思的再生产理论不仅是对生产的分析和描述，更是对人类社会发展的深刻认识和探讨。在这个理论中，马克思揭示了生产与社会关系、个体与社会、物质与社会的紧密相互关系和互动作用。马克思的再生产理论是他唯物史观的重要组成部分，其中心思想是，人类出现历史的前提是有生命个体的存在，而人自身的再生产是人类历史发展进步的前提。这个思想揭示了人类社会发展的基本条件和规律，是探究人类社会发展的重要理论支柱。在马克思看来，生产不仅是物质财富的创造，更是为了满足生产者和社会再生产的需要，同时在这个过程中形成社会关系。更重要的是，它形成的社会关系对于个体和整个社会的再生产具有重要的作用，这些社会关系会影响到生产和再生产的过程，进而影响到社会的整体发展。因此，生产关系是构成社会关系的重要组成部分，也是人类社会发展的重要因素之一。马克思的再生产理论为里昂惕夫研究产业之间的影响奠定了理论基础，里昂惕夫通过对生产图式的扩展和进一步改写，创立了里昂惕夫表，由此使得马克思的经济思想与里昂惕夫表之间形成了关联。

（3）西方经济学

西方经济学以一般均衡理论、配置经济学、价格经济学为基础理论，在该理论中存在一个假设，即所有的理性人都被假设成了自私的人，同时该理论还将私有制视作经济基础，认为市场的核心机制是价格。西方经济学利用了大量的图形和数学工具分析经济中的微观性。其理论抽象性强，包括均衡价格理论、消费者行为理论、生产者行为理论（生产理论、成本理论和市场均衡理论）、分配理论、一般均衡理论与福利经济学、市场失灵与微观经济政策。从微观的角度看，西方经济学的主体为消费者和生产者共同构成的供给和需求曲线，供给和需求曲线的交点形成了市场的均衡点。西方经济学的另一部分是对宏观经济的分析，包括 IS-LM 模型和 AS-AD 的模型分析。IS-LM 模型主要阐述产品市场和货币同时均衡时的国民收入和利率之间的关系，IS 曲线能够描述产业生产过程中供给与需求的变化情况。当产品市场达到平衡时，IS 曲线能反映产品市场的供给等于需求情况；AS-AD 模型分析总供给和总需求。需求由 IS-LM 模型导出，是加入价格因素后的总需求变化，包括货币需求和产品需求的变化。总供给（AS）能够通过劳动力市场体现出来。西方经济学中的宏观经济研究，主要分析市场中各产业部门供给和需求对国民经济的影响。里昂惕夫在研究产业之间的影响关系时，其研究视角为经济活动提供了一个全新的视角和理论框架。这个理论将生产、流通和消费三个方面视为整个经济过程中不可分割的部分，并将它们作为经济活动的重要组成部分进行描述，为我们研究产业之间的复杂关系提供了一个广泛的视野。在1953 年他发表了题为《美国经济结构研究》一书，在书中里昂惕夫使用微分方程组的形式进行了投入产出动态模型的研究，并将这个模型分为封闭和开启两种模式，这标志着投入产出理论已经从静态演变为动态的分析。投入产出分析的理论基础是全部均衡理论，该理论核心是将经济现象之间的关系转变为数量关系，这样一来，不同产业之间的依赖性就可以用数学方法进行计量和描述。同时，基于这种数量关系，人们可以探究经济活动的各种变化和交互影响。

2.产业波及理论模型

（1）产业波及效应

产业波及效应是某一产业的企业数量、产品或者服务产量等量的变化，或者产业结构的调整、变化、更替和产业主导位置等质的改变对社会所产生的波及效应，这种波及效应由其关联性产业体现。一方面，产业波及效应表现为该产业受到其关联产业的波及影响作用，这种作用能够进一步分析某产业对后向关联产业的影响程度，即该产业的拉动效应作用；另一方面，产业波及效应表现为该产业对其关联产业的波及影响作用，进一步分析对前向关联产业的影响程度，即该产业对下游产业的影响。产业的波及效应有助于区域产业结构调整，能明确主导产业方向，促进产业结构优化，使上下游产业的产品转化增值、产品质量升级，同时也可带动关联性产业发展，并通过产业结构的调整和优化带动经济发展，促使经济结构朝符合社会发展需要的方向改变，对整个国民经济具有重大影响。产业波及效应大多是通过产业关联的联系状态而发生的，必须依靠已有产业间的通道。因此，波及效应根据产业波及的方式和联系纽带所设定的产业轨道进行传递，随着效应的依次传递，波及影响力会逐渐减弱。

产业波及的方式有三种，即顺向波及、逆向波及和间接波及。某产业顺向波及表现为该产业的发展将推动以该产业的核心产品为中间产品的后续产业的发展，由此进一步推动下游产业轨道上的后续产业的发展，无限传递下去，从而产生顺向波及。顺向波及效应可以用中间需求率来衡量，中间需求率表示某产业的产品被国民经济部门用作中间产品的部分占该产品总量的比重。中间需求率越高，则意味着该产业越能带动提供中间产品的性质，进而越能带动生产该产业的中间产品；反之，中间需求率越小，则意味着该产业越能带动提供最终产品的性质。产业逆向波指的是某产业的发展推动了将该产业的核心产品作为中间产品的产业，从而进一步影响了上游产业的发展，进而带动了整条产业链的发展。中间投入率可以衡量逆向波及效应大小，能够反映该产业的总产值中从其他产业购进的中间产品所占的比重，表示一定时期内生产过程中某产业的中间投入与总投入之比，也是该产业的总产值中从其他产业购进的中间产品所占的比重。中间投入率越高，表明该产业对上游产业的波及效应越强。产业的间接波及表现为与该产业具有消费互补性产业的发展受到某产业发展推动，从而互补产业的先行产业和后续产业进一步受到影响。这些先行产业和后续产业的直接相关和间接相关产业线路，可对国民经济产生波及效应。

产业的波及效应分析是一种描述社会经济活动的方法，它用于显示各个经济部门之间的交易和交互。其借助于投入产出表，可以运用产业关联理论中的直接消耗系数矩阵和完全消耗系数矩阵来对各个行业之间的影响力和关联度进行研究。

（2）产业影响力系数

产业之间的经济联系程度以及相互波及程度往往通过产业影响力来表示。产业的产出、供应和销售活动会影响其他产业的经济活动。某一类产业如果在其生产过程中发生了变化，那么将会使向其提供商品的其他产业受到波及，进而也会对它们的生产造成极大的影响，同时该产业最终产品的变动也会使整个国民经济的总产出发生改变，表现为该产业对其他产业的拉动效应。产业影响力用产业影响力系数来衡量，影响力系数是国民经济中一个非常重要的概念，其通过分析某一产业部门的生产过程，来确定其对其他产业部门的生产需求的影响程度。这种影响不仅是直接的生产需求，还包括对其他产业及其相关产业的需求转化作用，是一种涉及整个国民经济的影响力程度评价方法。例如，一个高技术产业所生产的高科技产品不仅能够直接对能源和原材料产业提出需求，还可能对研发与设计等其他产业部门产生更多的需求。因此，影响力系数不仅是一种重要的经济分析方法，还是一种战略规划和政策制定的重要参考依据。我们只有对各产业的影响力程度进行科学的评估和分析，才能够做出更加精准和有效的经济运营决策。

（3）产业感应度系数

产业感应度与产业影响力对应，通过产业之间的经济联系及波及效应，产业的产出、供应和销售活动会受到其他产业经济活动的影响。提供直接或间接投入品产业的生产会影响某产业的生产变化，同时整个国民经济总产出的改变也会影响产业最终产品。在现代化经济社会中，由于产业之间相互联结的波及效果，任何一种产业的生产活动都会受到其他产业生产活动的影响。产业感应度系数反映某个产业部门对其他部门生产需求的敏感程度，当国民经济各部门的最终使用每增加一个单位时，就会为其他部门带来一定数量的生产需求，这就需要某个产业部门为其他部门提供相应的产出量，而这也就表现为感应度系数的反应程度。因为感应度系数是投入产出法测度向前关联效应的量值，所以我们也可称之为前向关联系数。

二、文化创意产业链分析

伴随着全球经济的快速发展，文化创意产业越来越受世界各国的重视。文化创意产业的发展状况可反映各国经济增长幅度的大小，同时也是国家之间经济竞争的一项重要内容。在数字经济背景下，文化创意产业在新一代信息技术交互作用下，增强了文化产业的连续性和业务弹性，提高了感应与响应速度以及实时信息处理能力。而文化创意产业作为一个重要新兴产业，其全面发展离不开大众的文化娱乐需求，只有针对市场需求不断创新和提高产品质量和服务水平，才能更好地推动产业的发展。此外，文化创意产业的发展也离不开数字技术和互联网技术的支持，在新兴技术的支持下，我们要不断融合科技和文化，使其相互促进，更好地满足社会和市场的需求,并促进多个行业的发展。经济活动中的文化化、服务化、信息化使高技术和高文化附加值经济越来越成为现代经济的主导,文化创意产业链在此环境下产生。作为新型产业链,文化创意产业链的发展更加多元、更加复合、更加有活力。同时随着科技的飞速进步,文化创意产业链也出现了许多新的变化和趋势。其中最重要的一点就是信息技术与文化产业的深度融合。这样的融合使得文化创意产业链的各个环节都得到了强化和拓展,能够促进整个产业链的全面发展,并让文化创意产业的增值能力倍增。

现阶段,我国文化创意产业链有如下模式和特点:

①以市场为导向的市场运作模式,对象多集中于小、中民营企业。为实现文化资源市场价值的最大化,它们把需求和控制营销渠道作为重点。

②依托核心产业链,以利润最大化为导向。我国以国有大、中型企、事业单位为主要对象,以资本运作的方式,通过创意、制造、营销等环节的融合,形成高科技和高文化为特征的现代文化产业链。在这个产业链上,我国在探索开拓影视剧制作、系列产品及高科技衍生产品开发等领域,进行了一系列的创新,如文化IP的打造、大数据技术的应用等,构造了高科技和高文化为特征的现代文化产业链,从而开拓了更广阔的市场前景。

产业链发展趋势表现为:以技术为核心,文化产业链升级速度不断加快;新型产业链不断涌现,产业融合的数量及程度都在加深发展。近年来,文化产业由于其开发潜力和市场吸引力,已逐渐成为全球经济发展的一个重要组成部分。文化产业所涉及的领域包括文学、影视、音乐、游戏、艺术、设计等多个行业,它们的交流与融合对于文化产业的发展具有重要意义。文化产业市场准入为引导文化产业与金融资本和其他产业资本融合提供了条件,促进了产业的深层次融合,从而实现了与其他产业融合发展的目标。这也有助于提高企业的市场化,帮助企业进一步的发展。

随着我国经济和社会的飞速进步,文化产业也逐渐成长为国家经济的重要组成部分,且相应占比还在逐年增大。打造新型的文化创意产业链,不断挖掘创意的影响力,可使得文化创意产品创造出巨大的市场价值,同时能够拉动和推动产业链上下游产业的发展,产生互动效应以及规模效应。随着文化产业链的不断完善，越来越多的需求被开发出来，这使得文化产业的影响得到了进一步加深。

（一）文化创意上游产业链分析

内容产业是文化创意产业中的核心，而内容的创新是内容产业的核心，它可促使各类信息产品更富有吸引力，更符合市场需求。当然，这种创新不仅涉及生产设计制作环节，还涉及营销推广和管理等环节。考虑到产业和市场的规模和竞争环境，内容产业的发展离不开人才队伍的培养和技术创新的推进，同时我们需要打造一个健康有序的产业环境。数字技术和互联网的飞速发展为内容产业带来了前所未有的机遇，同时也带来了新的挑战。如何应对内容涵盖的多样性以及用户需求和互动性的变化，将是内容产业的重点和难点。我们必须不断探索、创新和发展，以满足人们日益增长的文化需求，并为推动文化产业的发展作出贡献。

媒体传播的纸质印刷品、音像电子出版物、音像传播内容、用作消费的各种数字化软件都属于内容产业的主要内容。我们可以进一步将其细化为报纸、书籍、杂志等成为印刷品的内容主体；联机数据库、音像制品服务、电子游戏等为音像电子出版物的重要组成部分；电视、录像、广播和影院为音像传播的内容。这些主导的内容产业以经济价值为生产要素，将媒体产品以多种形式出售获得收益。内容产业也是信息技术与文化创意高度融合的产业，以现代信息技术为支撑，运用社会科学的理论，同时借助创意人才的智慧和创意，对文化资源进行深入提升和创造，采用创意思维对历史文化素材进一步挖掘和再创新。文化创意产业同时还是一种以对社会现实进行深入思考和探索，对人类未来进行畅想和创新性想象为基础的产业活动，它可利用这些思考和想象创造出丰富多样的内容素材，为社会注入新的活力与创新。

内容产业需要集成专业信息和通信技术（ICT），以支持规划和执行其业务流程的协作工作，其价值实现不仅体现在ICT上，以信息技术的数字化内容为核心正在形成一个新型的产业链。此产业链的原材料来源于自主知识产权的内容创作以及知识生产，内容包括科技、文化、艺术、教育课程、游戏娱乐等，以及内容存储、传递、转换和相关服务的技术开发与硬件、软件研制生产。为了进一步促进文化产业链上游的发展，内容产业要对生产前、生产和生产后流程的协作和互操作性能力进行评估，采用信息技术进行数字化并加以整合运用，向用户提供数字化的影像、语音、图像、字符等信息产品与服务的新兴产业类型。现阶段内容产业分为数字传媒、数字娱乐、数字学习、数字出版和面向专业应用导向五大类，其以传统的媒体印刷品、电子出版物和音像传播为基础。作为文化创意产业的基础和上游的燃料动力源，内容产业利用数字化和信息化促成产业融合，使不同行业的界限开始模糊，形成产业融合模式，打破了传统的行业边界，产生了新的产业组合。内容产业的融合是将传统产业中对象、用途、社会功能、服务方式等进行整合，运用数字信息化的方式统一形成字符串类似的语言，可将不同产业统一起来。

文化创意产业的重要价值增值部分来源于知识原创含量的丰富程度，这决定了内容产业是文化创意产业发展的关键性角色。创意在有效的时间内开发后，产业链会得到进一步发展，从而促进下游产品生产。创意活动能够促进创意开发的过程，该过程通过整合各种相关资源，把创意转化为创意产品并进行有效的组织运作，从而将其转化为更加复杂的产品。内容产业是构成企业核心竞争力的重要部分，是文化创意产业的核心，同时也是处于产业链的高利润区。内容产业在文化产业链上游存在着较多的优势；内容产业是内容生态中不可分割的一部分，内容产业的快速发展，使其成为发展其他业务的基础，是创造经济价值最直接的手段。内容产业为平台为内容创作者提供了创造优质创意内容的机会，在信息过剩的时代，优质的创意内容变得格外珍贵。内容产业可给内容创作者赋能，这个"能"不仅是资金补贴，还有品牌建设、商业变现、对外交流等方面的助力，并由此带动多产业的联动发展。如繁荣的电子竞技、网络游戏遍布整个社会的各个方面，内容产业将网络游戏上升到了文化价值观的层面，成为经济新风口和文化新风向。

（二）文化创意下游产业链分析

文化创意产业化过程是形成一个包含核心产业、支持产业、配套产业和衍生产业的价值实现系统，在系统与企业相互作用的条件下，它可以建立四者结合的系统模式，是生产、制作文化创意产品以满足社会大众文化生活需要的过程。过程中同时能带动经济的发展。产业化价值最大化的路径是把创意、技术、产品、市场有机结合，进一步开拓发展空间。产业化模式形成的核心是文化创意，其原因在于它主导着价值链的分配，可创造观念价值，并能通过延伸的方式将这一过程中产生的价值传递到其他阶段；技术作为整个过程的实现手段，支撑着文化创意的传播、发展，是一种传递所产生价值的方式；而产品作为满足人们需求的载体，同样也是文化意义的承载者；市场是一个商品交换的场所、实现价值的平台。将四者有效结合形成实现系统，就可产生包含核心产业、支持产业、配套产业和衍生产业的文化创意产业。其中，核心产业主导着价值的创造和价值链的分配；支持产业在科技、金融、信息技术、媒体等的支撑下，文化创意产业带动的其他产业也能够挖掘支持产业的价值；配套产业主要目的是营造氛围、吸引人才，从而能够更好地营销产品，如娱乐、酒吧等即属于文化创意产业的配套产业；衍生产业能够区分文化创意产业的各个部分，使其更好地进入其他产业区，得到融合发展。文化创意产业的最终目的是将本产业的成果对外营销，为社会大众所消费，满足大众的需要，这就决定了营销推广管理产业在文化创意产业链下游的重要性。

营销推广管理产业是连接企业和消费市场之间的桥梁。在当今日益多元化的媒体和流通渠道中，营销推广管理产业正在发挥着越来越重要的作用，它可通过将文化创意产品传达或送达到社会大众消费者手中、眼中和脑中，来满足人们的精神需求。为了适应营销环境变化，营销推广管理产业需要不断开拓创新思路，采取更加切实可行的营销方式，将潜在交换转为现实交换，满足消费者的需要，从而完成为实现企业任务与目标所进行的和市场有关的一系列管理和业务活动。分析行业趋势以及消费市场需求，选择合适的渠道是营销推广管理产业的关键之一。通过将文化创意产品传达到正确的消费市场，营销推广管理产业人员可以有效地转变创意内容为最终消费品，并且为企业创造价值。这不仅有益于企业自身的价值提升，也能满足消费市场的需求。因此，其在当今的商业世界中扮演着至关重要的角色，是推动文化创意产品健康发展的重要力量。

营销推广是文化创意产业链下游的一部分，通过营销推广，我们可以实现文化衍生产品的规模化生产和价值的不断衍生，从而达到文化创意产业的价值增值目标。运用这种方式，我们可以从主体产品或服务中提炼出核心文化，并通过开发、生产、流通和销售实现价值衍生，并通过大量开发的文化创意产业的衍生产品来满足消费者的消费追求和个性需求，实现二次衍生品生产甚至多次衍生品生产，使创意产业在产业或行业间多方向发展。营销推广的另一重要作用是可推动文化创意产业规模化发展，规模化的生产能够让文化创意产业以最快捷、最经济的方式实现增值，而实现增值是经营者和文化产业机构追求的方向和目标。只有经过良好的营销推广，才能够使文化创意产业在市场中获得足够的认可和价值。

同时，产业链的延伸可推动新的流通环节产生，衍生出新的产品市场，这有利于文化创意产业创新环境的形成。在有产业链的地方，企业推动信息资源的交流、汇集，可促进技术、产品的联动创新，不仅能够降低投资成本和交易成本，还会带来各产业之间竞争的隐形压力，使得下游产业要不断进行技术创新和组织管理创新来应对变化。市场需要是技术创新的重要因素，产业需要运用科学的方法创造出新工艺、新产品并进行生产，同时组合各种创新资源，最终实现商业化。

（三）文化创意产业对产业结构的作用分析

1.文化创意产业对于产业结构转型的作用

首先，文化创意中，创意不只是与文化产业内容有关，其在数字化生活以及生产制造中也是重要环节；其次是文化性，尽管在数字经济影响下数字与创意是产业的主要部分，但文化性才是文化创意产业的本质部分，文化创意产业离不开文化，因为在数字经济影响下，当前的文化创意产业身上承担着文化责任、历史，这是文化建设以及服务的组成部分，文化创意产业发展可以从数字经济角度得到推动，且需要把握变化趋势；最后是动态性，数字经济影响下迎来数字技术革新，这种转变现在处于持续发展以及不断探索的状态，所以想要理解文化创意的内涵，我们需要将探索的思维进行转变，以开放灵活的思维进行思考。

到了21世纪，人们的消费观念发生了变化，从以前的"量"转变为现在的"质"。文化创意产业具有轻资产和低污染的特征，生产过程中资本投入和能源消耗较低，生产力来源于人的创意思考和智力创造；在智慧城市背景下，文化创意产业通过信息技术易形成产业集聚,带动社会就业和创业。

随着信息化和全球化的不断发展,文化资源的价值也得以不断提升,并且开始参与到经济活动中来。作为一个具有潜力的新兴产业,文化创意产业不仅能够为社会创造巨大的经济效益,而且能够促进社会文化的全面提升。文化创意产业的发展,能够加快产业结构向服务型转变,能够赋予人们更多想象力和创造力,并且能够成为一种服务型经济的重要支撑,从而实现文化资源的增值,成为能够直接创造财富、影响整个经济结构的一部分。近年来,在整个产业结构中,文化创意产业的地位逐步提高,其产值占GDP的比例也越来越大,同时也使得整个产业结构发生了变化,其主要表现为:按照三次产业分类法,文化产业隶属于第二、三产业,第二产业指的是用于加工文化产品的制造业,第三产业指的是以文化产品为主体的服务业。目前,文化产业中第二产业的比重逐渐下降,而第三产业比重却逐渐上升,同时,文化创意产业经济增长速度较快,且第三产业的增速小于文化创意产业的增速,这进一步说明文化创意产业的发展能够促进整个产业结构向服务型转变。

在实现产业化的过程中,文化生产的效率、创造的增值以及经济效益之间呈线性关系。当下文化创意产业的发展促使其就业结构趋向于服务业形态转变,同时其在吸收社会劳动力上具有极大的优势。只有当创意产业能够形成巨大收益的时候,产业才能创造出更多的劳动岗位,才能形成更多的文化企业,更为重要的是文化创意产业加快了吸纳具有创意的脑力劳动者的速度。现阶段,文化创意产业对人才的需求不断增加,其中像文化旅游、文化休闲娱乐、广播电视等行业对人才的需求量增长最快。由此可见,文化创意产业发展对传统产业结构转型服务业的促进作用较大,更能满足人们的需求。

2. 文化创意产业推进产业结构高级化

文化创意产业不同于劳动力密集产业与制造业,创意创新是其核心,以科技为支撑,以文化为灵魂。文化创意产业具有知识密集和智慧密集的特点,需要高科技、高水平的管理和高文化素质的创意人才共同协作开发和运用知识产权。文化创意产业的功能性特点除了知识密集、创新性、科技支撑,还包括产业融合性、高附加价值性、低耗能及需求消耗无限性。

基于文化创意产业的功能特征，我们可以探究其高级化结构的动态演变特征，即产业结构规模变大、产业结构水平提升、产业结构联系更紧密，进而可以推进产业结构升级，并促进产值、资产、技术和劳动力结构的全面提升。

文化创意产业的发展对产业结构高级化有推动作用，主要有以下三个因素：

①创新是创意产业的核心，也是产业结构优化升级的动力。一方面，创新能够促进产业结构优化升级；另一方面，创新成果的吸收和融合能力，以及商业化、产业化的速度是由产业技术创新活跃程度决定的。

②文化创意产业具有知识密集的特点，而知识密集能有效克服资源和土地的约束，使产业保持快速、持续的发展。

③文化创意产业能够促进社会消费领域的扩大和高质量发展，同时能促进享受服务消费的增加。当前越来越多的人开始注重精神层面的需求，更加注重个性化的享受消费。在这样的背景下，通过提供多种多样的文化产品和服务，文化创意产业可以满足人们对于文化、艺术、设计、娱乐和旅游等方面的需求，进而提高人们的生活质量。同时，发展文化创意产业也有利于促进产业结构升级，有助于提升国家形象和文化软实力，同时也可对我国经济和社会的发展起到积极的推动作用。

文化创意产业调整的基本功能和经济增长特征，结合产业结构高级化的演进特点，能够在量的指标上促使产业结构规模范围由小变大，进而更好地推进我国产业结构的合理动态演进；能够迅速提升质量指标水平，促进产业结构的紧密联系和融合，实现资产结构、产值结构和劳动力资本结构的高级化和融合技术结构高级化，从而推进高级化产业结构在我国的逐步形成。

第二节 数字经济下文化创意产业集聚形成与效应分析

一、文化创意产业集聚综述

(一) 文化创意产业集聚的基本内涵

文化创意产业在数字经济的影响下一般被称为数字内容产业,或者是数字创意产业,这两个称呼都是从文化创意产业的延伸角度进行思考而来的。但是文化创意产业被联合国教科文定义为创意活动与高科技互相结合的产业,创意活动与高科技也是其主要特点,文化创意产业的定义都不是统一的。有人将文化创意产业理解为是一种产业形态,认为其主要建立在文化资源基础上使用现代数字技术以及网络技术,并且需要以个人或是团体的创造力、技能等作为动力进行企业数字化或是网络化生产,从而创造文化价值。除了可将发展能力赋予周边产业领域,还能将其引导成为新兴产业集群。

产业集群(Industrial Cluster)理论概念最早来源于马歇尔(Marshall)的产业区理论,1890年马歇尔在《经济学原理》中界定产业区(Industrial District)的概念为:由历史与自然共同限定的区域,其中,中小企业积极的相互作用形成企业群并与社会趋势融合。马歇尔界定了工业集聚的内涵,并发现专业人员在工业集聚区使用专用机械会使产出效率更高,他指出产业集聚形成的目的是获取外部规模经济带来的利益。在马歇尔提出产业区理论后,产业集聚概念逐渐被关注,经济学、社会学和管理学等学科的学者从不同角度对产业集群进行了研究并提出了不同的概念,如产业区、产业集聚(Industrial Agglomeration)以及集聚经济等。在众多概念中,产业集聚的提法最为常见,主要指某一个产业在特定区域内的集聚且集聚的结果就是形成产业集群。文化创意产业集聚就是由产业集聚衍生而出的,英国学者维尼认为文化创意产业集聚是城市中各种文化和娱乐设施高度集中于某一地理区域,并且预测文化集聚对未来城市经济发展会起到引擎作用。库弗强调文化集聚具有组织性和标志性,文化创意产业集聚不仅是文娱设施的集中,更是对外界的吸引。我国学者从 20 世纪 90 年代开始研究文化创意产业集聚,王丽君认为文化创意产业集聚就是大量相互关联的文娱公司、个人以及支持系统在一定地域内集中。

文化创意产业集群是指在文化创意产业及其相关产业领域中,文化企业、创意人才和相关支撑机构等通过创意集中和合作竞争,在一定的空间区域集聚而形成的产业组织。总体而言,文化创意产业集群可以分为几种类型:

①由多个文化创意企业因围绕同一产业从事的生产经营活动,而聚集在一定的区域范围内的地域型文化创意产业集群。

②通过围绕某一类文化产品而发展出的各类企业所形成的产品主导型文化创意产业集群。

③通过围绕专业化的生产链,使不同企业成为生产链上的不同环节的组成部分,从而形成的产品关联型文化创意产业集群。

(二)文化创意产业集聚发展的基本特征

总体而言,文化创意产业属于产业集群的一项分支,但已经与传统的制造业有了极大的差异。文化创意产业是消费社会环境中兴起的产业,为了满足人民群众的精神需求而提供产品和服务,具有与传统产业不同的属性特征。如在集聚发展中呈现出外部地域性和内部根植性、生产过程的关联性和科技性、文化创意产品的创新性和风险性等特征。

第一,文化创意产业集聚动力因素具有地域性和根植性的特征。文化创意产业发展主要依靠文化资源与创新能力两大因素,对高层次的文化创意人才需求量大。知识水平高的人口聚集地,特别是文化创意人才密集的大城市,是文化创意产业集聚发展的首选地。有三类环境有利于文化创意产业初步集聚发展,它们分别是新园区、城市的近郊区以及都市的旧厂区。这三类地区外部环境宽松,可塑性强,文化创意产业集聚发展压力小,在一定程度上靠近目标消费群体的同时又节约了成本。此类可提供产业集群发展需要的区域,对文化创意产业集聚发展有很强的吸引力。如美国的苏荷(SOHO)地区、北京的 798 以及上海的四行仓库等,都是在城市工业遗址中"生长"出的现代文化创意产业集群。这些具有历史文化的旧厂区在艺家手里可呈现出现代风格，为创意萌发提供了独特的文化氛围。除此之外，文化创意产业是知识型产业，对原材料和劳动力的依赖性不强，文化创意产业集聚发展一般都源于地域独特的文化沉淀和气氛，并在此基础上开发利用。地方文化历史的传承和发展，可为集群发展提供坚实的社会基础，良好的人文环境气氛能让文化创意产业更加富有生命力和吸引力，同时，当地政府合理设置产业发展条件，也能给集群的繁荣发展提供不可或缺的支持。在这样的文化创意产业集群环境中，企业间相互合作，共同创新，形成良性发展循环，可引领当地文化旅游和相关产业的共同发展。如美国百老汇和意大利的时装等依靠的都是深厚的文化历史沉淀。人文内部根植性是文化创意产业集群发展的基石，是吸引创意人才入驻的磁场。

第二，文化创意产业集群的生产过程具有强烈的关联性和科技性。文化创意产业生产出的产品或服务，不仅是单纯的物质产品或服务，更是一种活动过程。这些产品或服务是很多思想和创意的集合体，一般都具有针对性和不可分割性。文化创意产业作为知识经济时代和信息时代的产物，不仅包含丰富的智力内容，还包含大量的科技元素，对科技的依赖性极大，科学技术在文化创意产业的发展过程中起着主导性作用。

第三，文化创意产业集群所创造的产品或服务皆具备独创性和潜在风险。文化创意产品的创造开发是具有明确针对性的创造性生产活动，是特殊的知识产品生产活动，不仅需要时间、成本，还需要创造者有深厚的知识积累和很强的创新能力。与一般物质商品相比，文化创意产品具有创造困难，但复制容易的特点，这也导致其需要借助知识产权进行保护。

不仅如此，文化企业的发展需要文化创意人才、技术支持、资金支持、政策支持。因此，文化创意产业集群是众多文化创意企业和相关支持机构在空间上集聚形成的、一种覆盖面广而又紧密联系的网络结构。文化创意企业与相关机构可在相互合作以及相互竞争中不断稳定发展。

（三）文化创意产业集群发展模式及比较

1. 文化创意产业集群发展模式的分类

文化创意产业集聚发展的根本目的是获取最大的经济利益，受集聚路径影响，选择不同的集聚方式和过程会形成不同的集群发展模式。根据影响因素，文化创意产业集群发展模式主要有两大类：市场主导型文化产业集群和政府驱动型文化产业集群。影响文化创意产业集群发展的内因主要包括规模经济、范围经济和品牌效应等，外因主要包括政府的政策导向、区域规划和外部资源等。

市场主导型文化创意产业集群是以市场对文化创意产品和服务的需求为基础，按照市场机制调节自身空间布局，依靠"自上而下"的市场力量在一定区域范围内形成的文化创意产业集群。该模式是基于市场、创意人才、文化创意企业以及城市空间等因素，在市场需求的推动下缓慢发展的模式。市场需求是其发展的根本动力，社会环境是其发展的主要制约因素。当市场出现对文化创意产品和服务的需求时，即出现了可观的经济利益，文化研发人才和艺术创作人才就会聚集于此，依据文化创意产业的相关创业行为或者就业人员就有了发展动力。其中，文化研发人才主要集聚在高校和科研院所等技术创新发源地，而艺术创作人才主要集聚在富含文化底蕴、交通便利的城区老厂房和老仓库等文化空间内。市场需求引发文化创意产业兴起，文化产业吸引研发人才和艺术人才前来就业或者创业，研发人才和艺术人才由此集聚在特定地域空间内，这促进了文化产业集群的形成。这样形成的文化产业集聚会产生一种自我增强创新机制，会吸引更多相关企业入驻和更多人才前来就业和创业，最终推动形成具有独特创意特色的文化产品和文化服务消费市场，从而达到推动市场、引导消费的目的。此类集群发展模式形成的市场主导型文化创意产业集聚，虽网络规模较小、见效慢，但成本较低、经营运作趋于成熟、根植性强，多存在于经济较为发达的地区。如深圳大芬油画产业基地，最初只是香港画商租用民房以招揽美术类人才进行油画创作和批量转销的地方，后来吸引了艺术人才集聚，推动了"大芬油画"品牌的形成和发展，目前大芬油画产业基地形成了集生产、销售、培训、餐饮及旅游等功能为一体的产业体系。

政府驱动型文化创意产业集群与市场主导型文化创意产业集群不同，是通过"自上而下"的人为力量造就的，是在政府实施相关战略规划的基础上成长起来的产业集群。此类产业集群通常属于政府战略规划的结果，其资源配置以政府配置为主，并且由政府制定总体发展战略。

实践证明，在供给侧结构性改革、经济转型加快的背景下，政府在面对旧城区改造、劳动力安置等问题时，更倾向于在旧城区扶持文化创意产业发展，以此应对旧城区面临的新的现实挑战。政府选定老厂房或旧仓库一类的文化空间，选定高校和科研院所等，确定好文化创意产业集群发展类型，招才引智，吸引研发人才、艺术人才、文化产品经营者以及第三方服务组织前来集聚，逐渐营造出文化创意气氛，打造出具有针对性的特色文化创意品牌进入市场，形成文化创意产业集群。由此自上而下形成文化产业集群发展新模式，推进文化创意集群的发展，促进产业结构升级、加快经济转型。

在政府驱动型文化创意产业集群的集聚过程中，政府起着显著的主导作用，从最初规划设想到制定目标、从空间区域选择到集群类别安排、从文化创意氛围营造到吸引人才就业，每一步都与政府策划和扶持密切相关。文化创意产业园区是典型的政府驱动型文化创意产业集群发展模式，这种模式借鉴经济开发区发展模式，以政府为核心主导整体规划，且通常以地域文化资源为载体，以政府的产业政策优惠以及制度传导机制为中心，吸引各类相关文化要素在园区内集聚发展。政府可以依据当地财政能力自行投资或者向社会招商引资，吸引多元投资主体，减轻财政压力。许多城市的动漫企业集群、传媒企业集群以及文化产业园的企业集群都是典型的政府驱动型文化创意产业集群。如中关村多媒体创意产业园，地处中关村国家自主创新示范区核心区，其园区与北京大学文化产业研究院、北京电影学院等高校均有密切合作，与国家版权贸易基地甚至世界科技园区协会也有相关合作。目前园区已经形成了集产品、服务和应用等于一体的跨媒体产业集合，涉及物联网、电子支付、动漫、软件开发、广告会展等领域。

2.文化创意产业集群发展模式比较

从驱动因素来看，市场主导型文化创意产业集群的根本发展动力是市场需求，依照市场需求和价格机制相应调节集群。在市场主导型文化创意产业集群的发展过程中，因其发展前景与收益存在不确定性，风险较大，政府不会对其做出制度性安排。只有当其发展前景可观、市场利润与社会效益明显时，政府才会给予一定的经济或者政策扶持。而政府驱动型文化创意产业集群是依靠政府引导直接推动，文化创意产业集群从筹建到开发、从建成到发展的各个阶段、各个环节都按照政府的规划进行，不仅设施配备齐全，其产业链相对也更加完整，体现出很强的计划性和针对性。

除了驱动因素的不同，市场主导型文化创意产业集群与政府驱动型文化创意产业集群在创意来源、目的、见效速度和存在范围等多方面都有所区别。市场主导型文化创意产业的创意来源是创意人才，发展目的是创意人才的自我提升，发展路径是渐进式的，见效速度慢，主要存在于市场经济较为发达的地区。而政府为了地方经济转型需要或者提高文化软实力等需要，会催生文化创意产业集群的发展。因此，政府驱动型文化创意产业集群的创意一般来源于政府规划或者咨询机构，其目的是发展经济；实践证明，在经济增长乏力、就业压力加大的环境中，加强文化建设是满足群众需要的有益措施。就政府驱动型文化创意产业集群的发展路径而言，由于其拥有政府的大力支持，其可以优先跨越发展，实现突变式跳跃，呈现出蛙跳式特点。此类型产业集群的见效速度快，主要分布在经济相对落后的地区。

二、文化创意产业集聚度测算指标

（一）产业集聚度测算指标与选择

1. 行业集中度指数

行业集中度指数（Concentration Ratio，CR_n）是指规模最大的部分地区或者规模最大的部分企业的销售额、产值、就业人数等主要经济指标占行业整体的比重。该指标可以用来衡量特定产业的区域集中度。当已知该行业的销售额、产值、产量、就业人数、资产总额等时，计算公式如下：

$$CR_n = \frac{\sum_{i=1}^{n} X_i}{\sum_{i=1}^{N} X_i}$$

式中 CR_n——行业集中度指数；

n——所选取的样本地区或企业的个数；

N——全部地区或企业的个数;

X_i——第 i 个地区或企业的市场份额(产量、就业人数、销量等指标);

$CR_n = \frac{\sum_{i=1}^{n} X_i}{\sum_{i=1}^{N} X_i}$——市场份额最大的 n 个地区或企业的市场份额之和;

$CR_n = \frac{\sum_{i=1}^{n} X_i}{\sum_{i=1}^{N} X_i}$——该行业中所有地区或企业的市场份额总和。

当已知行业市场份额时,计算公式可以使用 $CR_n = \sum_{i=1}^{n} S_i$,其中 Si 是指该行业市场内排名第 i 家企业的市场份额,n 指这个行业内规模最大的前几家企业数。

在两种计算情形中,n 通常取为 4 或者 8,即表示产业内规模最大的前 4 或前 8 家企业所占的市场份额(销售额、产值、产量、就业人数、资产总额等)总和。依据美国经济学家贝恩(Bain)和日本通产省对产业集中度的划分标准,产业市场结构可以大致分为寡占型和竞争型两类。[①] 经济学家贝恩依据行业集中度指数对市场结构进行的分类,如表 3-2-1 所示。

表 3-2-1 依据行业集中度指数的市场结构分类

市场结构集中率	CR_4(%)	CR_8(%)
寡占 I 型	$CR_4 \geq 85$	—
寡占 II 型	$75 \leq CR_4 < 85$	$CR_8 \geq 85$
寡占 III 型	$50 \leq CR_4 < 75$	$75 \leq CR_8 < 85$
寡占 IV 型	$35 \leq CR_4 < 50$	$45 \leq CR_8 < 75$
寡占 V 型	$30 \leq CR_4 < 35$	$40 \leq CR_8 < 45$
竞争型	$CR_4 < 30$	$CR_8 < 40$

---

① 陈红霞,吴姝雅. 文化创意产业的空间集聚特征及其区际差异比较:基于地级市的实证研究 [J]. 城市发展研究,2018,25(7):25-33.

在各种测度产业集聚度的指标中，产业集中度指数是常使用的一种，其优点在于可以通过较少的数据简单、形象地反映目标产业的市场集中水平，但是存在反映角度单一、内部结构不清晰的问题，且其样本选取对结果有较大影响。如该指数没有指出企业总数，1000家企业中 $CR_4=40$ 和10家企业中 $CR_4=40$ 存在着不同的经济意义，并且在选择市场份额最大的企业时，数值n不同则不能得出唯一的结果。受集中度指数缺点的影响，该指数不能单一使用以进行科研分析，通常只能作为辅助性指标配合其他方法使用[①]。

2. 区位熵和Hoover系数法

区位熵（Location Quotient, LQ）又称为专门化率，最早由哈盖特（P.Haggett）提出，应用在区位分析之中，常用来分析和评价区域优势产业。通常LQ值越大，说明该产业在此地区的集聚度越高；相反LQ值越小，说明该产业在此地区集聚度越低。若LQ>1，说明该产业在此地区的专门化率超过了总区域平均水平，属于地区专业化产业；若LQ<1，说明该产业在此地区的专门化率低于总区域平均水平，属于地区非专业化产业；若LQ=1，说明该产业在此地区的专业化率与总体水平相当。

区位熵LQ值计算公式如下：

$$S_{ij}=\frac{X_{ij}}{\sum_{i=1}^{m}X_{ij}},\ S_i=\frac{\sum_{i=1}^{n}X_{ij}}{\sum_{i=1}^{m}\sum_{i=1}^{n}X_{ij}},\ LQ_{ij}=\frac{S_{ij}}{S_i}$$

m——一个经济体系中的产业总数量；

i——该经济体系中的i产业；

n——一个经济体系内的地区总数量；

j——该经济体系中的j地区；

X_{ij}——j地区中i产业的产值（包括就业人数）；

S_{ij}——j地区i产业的总产值（包括就业人数）占j地区的该经济体系总产值的比重；

---

① 于良楠. 文化创意产业促进城市转型发展的作用、机理研究[D]. 昆明：云南大学，2014.

S_i——该经济体系总区域 i 产业的总产值占全部产业总产值的比重。

当 LQ>1 时，代表产业 i 在地区 j 所占的比重高于它在总区域的平均水平，在给定地区的产业具有一定的集中度。通过对大部分集群相关研究的归纳可知，当 LQ>1.12 时，该产业在给定地区的专业化水平较高。

区位熵还可用来反映不同产业的集聚趋势，将同年各个产业的区位熵相加再取均值，我们便可据此从宏观上判断和分析产业集聚趋势。区位熵是常用的一种测度产业集聚度的指标，其可以用来衡量某一产业在特定地区的集聚程度，虽然它可以用于比较不同地区的某一产业的专业化差距，但因为不同产业之间的规模、性质、生命周期等方面差异较大，其并不适用于比较不同产业在各个地区的分布情况。

3. 赫芬达尔—赫希曼指数

赫芬达尔—赫希曼指数（Herfindahl-Hirschman Index），又被称为 HHI 指数或是 H 指数，我们通过对其的测算，可以衡量产业集聚度的程度，其具体的计算公式如下：

$$H = \sum_{i=1}^{n} \left(\frac{X_i}{X}\right)^2 = \sum_{i=1}^{n} S_i^2$$

X——产业中某一指标的市场总规模（产值、销售额、就业人数等指标）；

X_i——产业中第 i 个企业的市场规模；

n——产业中企业的总数量；

$s_i = \dfrac{X_i}{X}$——产业中第 i（i=1，2，3……n）个企业的市场占有率。

H 指数实际上是对每个企业在市场上的占有率 S 进行一个权重分配，且随着企业规模的扩大，权重也会随之增加。H 指数的值在 0~1 变化。值越大，代表集聚度越高、垄断程度越高；反之，值越小，代表集聚度越低、垄断程度越低。H 指数等于 1 时，代表某一特定行业在某一特定区域内呈现出高度的集聚性；若某一产业平均分布在所有地区时，H 指数等于 $\dfrac{1}{n}$。H 指数通过平方和测度集聚度，对市场占有率较大企业的规模变化十分敏感，能及时反映变化，在测度产业集聚度时可以准确反映市场集中度和垄断情况，但是 H 指数没有考虑企业的空间分布和地理单元面积，反应角度单一化，且 H 指数计算对数据要求很高，在实际应用中数据很难获取，存在明显的不足之处。

H 指数目前已经被广泛应用。通过它的发展演变出的 N 指数和 HK 指数则进一步地拓展了应用领域。在测算产业集聚度时，N 指数是一种重要的指标，其值越小表示产业集聚度越高，数值越大则代表集聚度越低，N 指数的计算方法为 H 指数转换为倒数。HK 指数又被称为汉纳—凯指数（Hannah–Kay Index），其更具一般性，适用于各种领域的衡量，它计算公式为：

$$HK = R^{\frac{1}{1-\alpha}} = \left(\sum_{i=1}^{N} S_i^{\alpha}\right)^{\frac{1}{1-\alpha}}, (\alpha > 0 \text{ 且 } \alpha \neq 1)$$

HK 指数的数值越大，产业集聚度越低；相反，HK 数值越小，产业集聚水平越高。当 $\alpha=2$ 时，HK 指数就是 H 指数。

4. 空间基尼系数

空间基尼系数（Spatial Gimi Coefficient）是一种用于衡量产业在空间分布中均衡程度的方法，其提出者为克鲁格曼（Krugman）。该系数融合了洛伦茨曲线和基尼系数思想，通过对某地区某个产业的就业人数与该产业的总就业人数比重进行对比，以及该地区全部就业人数占所有区域总就业人数的情况，来评估产业分布的均衡性。该系数最初被应用于测定美国制造业集聚度，现已被推广应用。通过利用空间基尼系数对产业分布情况进行分析，决策者可以更好地制定产业政策和区域规划，这有助于实现经济可持续发展。总之，空间基尼系数是一种重要的指标，可以帮助人们更好地了解产业空间分布的特征，促进地区经济发展和社会进步。其具体的计算公式如下：

$$G = \sum_{j=1}^{n}\left\{\frac{x_{ij}}{\sum_{i=1}^{m} X_j} - \frac{\sum_{j=1}^{n} x_{ij}}{\sum_{i=1}^{m}\sum_{j=1}^{n} x_{ij}}\right\} = \sum_{j=1}^{n}(S_{ij} - S_i)^2$$

X_{ij}——j 地区 i 产业的就业人数；

S_{ij}——j 地区 i 产业的就业人数占 i 产业总就业人数的比重；

S_i——i 产业的总就业人数占总区域总就业人数的比重。

空间基尼系数 G 值在 [0，1] 区间变化。G 值越高，表明产业的区域集聚度越高；反之，G 值越低，表明产业的区域集聚度越低。当 G=0 时，表明该产业在空间上呈均匀分布状态。

G 值计算方便，考虑到了空间差异，但是因为其没有考虑到企业的规模差异，从而使得计算结果存在误差。具体来说，当某个产业在一个地区的比重较大，而在其他地区呈现均匀分布状态时，空间基尼系数 G 值可能会很小，这会造成测算结果的失真。此外，当 G 值大于 0 时，并不一定能准确表明该产业集聚现象的存在。因此，在进行产业分布情况的评估时，必须考虑到空间基尼系数的局限性和非准确性，要借助其他指标和方法来对产业的分布情况进行综合分析和评估。

5. 空间集聚指数

空间集聚指数 γ（Concentration Index of Industrial Space）由艾利森（Ellison）和格莱赛（Glaeser）提出，简称 EG 指数，也被称为地理集中指数、γ 指数。它有效地解决了空间基尼系数因忽略企业规模差异因素而导致的集聚度失真问题，其计算公式如下：

$$aEG = \frac{G - \left(1 - \sum_{i=1}^{n} x_i^2\right) H}{\left(1 - \sum_{i=1}^{n} x_i^2\right)(1 - H)}$$

G——空间基尼系数；

H——赫芬达尔—赫希曼指数（H 指数）；

X_i——该地区所有产业的就业人数占总区域总就业人数的比重。

当 γEG>0.05 时，产业集聚度较高；当 γEG<0.02 时，产业不存在明显的地理集中现象；0.02≤γEG≤0.05 时，说明产业有集聚趋势，但是分布比较均匀。

从空间集聚指数的构造及其计算过程分析，由于 H 可以表示产业中的企业规模，该指数考虑了企业规模大小以及区域发展差异的影响，弥补了空间基尼系数的缺陷，可以跨产业、时间、区域进行比较。但是 EG 指数对数据的要求较高，需要企业层面的数据，获取难度较大。并且，EG 指数在产业间和同一产业不同年份间的波动性较大。除此以外，因涉及 H 指数，空间集聚指数未曾考虑地理单元面积差异带来的影响。

6. 产业区域集聚度指数

产业区域集聚度指数（θ 指数）是由李太平等人依据空间集聚指数 γ 的思路而提出的，计算公式如下：

$$\theta_i = \frac{\sum_{j=1}^{m}\sqrt{\left(X_{ij}-\overline{X}_i\right)^2}}{2\sum_{j=1}^{m}x_{ij}} \times \frac{m-k}{m} \quad (i=1,2,3\cdots\cdots n; j=1,2,3\cdots\cdots m)$$

n——总区域内产业个数；

m——总区域内区域个数；

X_{ij}——j 地区 i 产业的产值或就业人数；

$\overline{X}=\sum_{i=1}^{n}\frac{x_{ij}}{m}$——i 产业在总区域的平均产值或就业人数；

$\sum_{i=1}^{m}|x_{ij}-\overline{x}|$——区域分布偏离度，值越大表明 i 产业分布越不均匀，有集聚现象；偏离度值为 0，则表示该产业在总区域内均匀分布；

k——i 产业中大于平均产值或就业人数的区域个数，值越小，表明在平均值以上的不均匀程度主要集中在少数几个地区，产业区域集聚度越高；

$\frac{m-k}{m}$——i 产业的不均匀程度在区域上的分布情况。其分布系数值与 k 成反比，k 值越小，此系数越大，产业聚集度高；分布系数数值越小，产业集聚度越低；

θ_i——i 产业的产值或就业人数位于平均水平以上的区域占整个产业的比重，其值在 [0,1] 变化。值越大，表示产业集聚度越高；反之，则说明产业集聚度越低。

集中度指数、区位熵和 Hoover 系数、赫芬达尔—赫希曼指数（H 指数）、空间基尼系数、空间集聚指数（EG 指数）、产业区域集聚度指数（θ 指数）在对产业集聚度进行测算时各有侧重点。集中度指数最为简单，采用单一的指标测度产业集聚度，而其他测度方法都采用了两种及以上的指标。从选择目标单元范围来看，集中度指数只考察了产业集聚要素较高的区域，而其他测度方法考察了目标地理单元内所有子区域的集聚情况。

在前述列举的产业集聚度测算方法当中，集中度指数对数据要求不高，计算更为简单，能直观地反映集聚水平；区位熵和Hoover系数应用范围较为广泛，可以形象地反映某一产业在各地区的专业化水平差异。θ指数计算结果与EG指数相比较，在同一产业不同年份间变化幅度更小，更与我国产业区域集聚变化的实际情况相符。集中度指数由于其单一性，作为辅助性指数配合区位熵和Hoover系数和产业区域集聚度指数更能较全面地反映产业集聚度。区位熵和Hoover系数与空间基尼系数相比，在计算方法上有相似性，但是LQ值更接近实际。产业区域集聚度指数简单、直观，与空间集聚指数（EG指数）计算结果高度一致，且数据要求更低，无须利用企业层面级的数据，可利用统计年鉴获取需要的数据。

通过对比分析各种产业集聚度测算方法，本书采用集中度指数、区位熵和Hoover系数、产业区域集聚度指数（θ指数）对文化创意产业进行测度。

（二）文化创意产业集聚度测量方法的构建

依据文化创意产业发展的特点以及文化创意产业相关企业的数据，作者选取集中度指数、区位熵、Hoover系数和产业区域集聚度指数来配合测度文化创意产业的集聚水平，分析具体的经济效应。

在测度各类文化创意产业集聚度时，如能获取某地区文化创意产业的市场份额，即S_i，可使用集中度指数进行计算和分析，计算规模最大的前4家企业或者前8家企业的集中度指数，分析该文化创意产业在此地区的市场集中水平。在获取文化创意产业中多家企业的销售额、产值、产量、就业人数、资产总额等指标后（X_i），可使用集中度指数进行计算分析，也可直接计算前4家或者前8家规模最大的企业的集中度指数，分析此文化创意产业在该地区的集中度水平及衡量其市场竞争程度。

可使用区位熵和 Hoover 系数测度某地区文化创意产业的集聚水平，再根据数值大小判断文化创意产业在此地区中存在集群的可能性。选定样本地区，获取到该地区文化创意产业的产值（或就业人数、销售额等经济指标）（x_{ij}），利用区位熵公式 LQ_{ij} 进行计算，得到区位熵的值。将文化创意产业在所有地区中的区位熵值降序排列，得出这 n 个地区的顺序组合。按照此顺序计算文化创意产业 i 在各地区总产值的累计百分比，即 S_{ij}，将其绘制在坐标轴的 X 轴上。再计算文化创意产业 i 在 j 地区产值的累计百分比，即 S_{ij}，将其绘制在坐标轴 Y 轴上，由此构建文化创意产业 i 的区域集聚曲线。若文化创意产业 i 在区域中均匀分布，其区域集聚曲线就与从坐标轴原点出发的 45° 直线重合，区位熵为 1。相反，当文化创意产业 i 在各地区的差距越大，则其区域集聚曲线就会越弯曲。文化创意产业 i 的区域聚集曲线和 45° 直线所围成的面积与曲线所在三角形面积的比值就是 Hoover 系数。从区位熵来判断，LQ_{ij} 值大于 1 表明具有一定的集中度，大于 1.12 表明具有高水平的专业化。从 Hoover 系数来判断，Hoover 系数值接近 1 代表区域集聚程度越高，接近 0 则代表文化创意产业 i 在各区域内均匀分布。

使用产业区域集聚度指数（θ 指数）测度文化创意产业的区域集聚度时，可利用地区的统计年鉴，获取到文化创意产业 i 在 j 地区中的产值（或从业人数、销售额等经济指标）（X_{ij}），计算出文化创意产业 i 的区域平均产值，再利用 θ 指数公式计算得出的 θ 值，其取值范围为 [0，1]，越接近 1 表示集聚程度越高，反之越低。θ 指数表示集聚程度相对值，可以在不同的文化创意产业之间进行比较。

三、文化创意产业集聚效应及对经济发展的影响力

（一）文化创意产业集聚效应分析

1. 文化创意产业集聚产生的经济效应

数字技术改造了传统文化产业的整个产业链，反映了数字技术对促进文化产业发展的乘数效应和叠加效应。在传统文化产业中，传统产品最重要的功能是输出单向信息，而在数字经济时代，文化产业的体验价值不断上升，并成为整个行

业的重要趋势，它将体现在以下几个方面：

第一，智能化是数字经济背景下文化产业发生的最重要改变。智能化将人工智能、大数据、云计算等新一代信息技术与传统产业深度融合，可实现智能化生产、管理和服务。在数字文化产业中，智能化可以提高生产效率、降低成本、提升用户体验，从而推动产业发展。

第二，数字经济时代下的文化产业，人与人、人与物、人与环境之间通过数字技术进行互动交流的频率和体验不断提升。人与内容的跨屏交互，将逐步改变传统的单向内容呈现，使交互感成为文化数字化场景的重要特征。

第三，沉浸式是数字化与文化产业的融合方向。在信息获取的需求得到满足后，人们正在通过5G+8K、XR、AI、元宇宙等技术，寻求实现实体世界与数字世界的无感切换，以及无缝衔接的沉浸式物联网融合体验的方法。通过虚拟现实、增强现实、混合现实等技术，用户将被带入虚拟世界体验身临其境之感，并全身心地沉浸在其中。实践证明，将沉浸式体验应用于数字经济文化产业中，可以极大增强用户的参与感和体验感，提高文化产品和服务的吸引力和价值。

第四，利用大数据、人工智能、云计算等技术，可对文化产业的生产、传播、消费等各个环节进行数据分析和精准管理，实现更佳的用户体验、更高的市场占有率和更好的经济效益。科技的发展，可推动文化产品的消费者通过驻留、回放等手段欣赏文化产品，从而形成新的消费习惯，并带动相关消费的增长。

数字经济背景下，文化产业已经成为一个国家甚至全球经济不可或缺的一部分，而且随着社会对文化和创意的依赖程度的不断提高，文化产业的发展前景更加广阔。然而，随着时间的推移，文化产业链中参与生产、消费等环节的群体角色不断发生着变化，并且各生产要素也在融合、创新的大趋势下开始发挥更大的价值，进而创造出新的商业模式。

经济效应即文化创意产业的集聚式发展给经济带来的影响，文化创意产业产生的经济效应主要是指它能够带动文化创意产业的规模经济和范围经济增长，并与相关产业实现的协同发展和优势互补，其原因是文化创意产业的集群可以形成一整套产业体系，实现范围经济的提高。这些产业环节可通过合并整合，降低交易成本和管理成本，并优化生产流程和资源配置，从而实现范围经济效应。最终，文化创意产业的集聚不仅能带动该产业的增长，也能带动相关产业的发展和地区经济的繁荣。具体可以将其划分为以下几种类型：

（1）要素集聚效应以及本地市场规模效应

文化创意产业的集聚发展，能够吸引到越来越多的高质量的人力资本以及风险资本，产生资源池效应。文化创意产业集聚式发展包含劳动力的集聚，这样可以帮助劳动者改善就业，降低劳动者的失业概率，同时也可以使劳动者接触到更多的专业领域的人才，有助于劳动者的未来发展。除此以外，文化创意产业集聚发展能够促进专用性人力资本投资，这样可以使劳动者获得相对合适的薪酬待遇，并选择接受这里的工作机会。同时文化创意产业劳动聚集能有效降低选择与文化创意生产项目相匹配的合作企业和创意人员的成本，使得可供选择的匹配对象范围更广，匹配成本因此更低。此外，文化创意产业在生产和管理过程中需要专业领域的人才，而文化创意产业的集聚有利于促进专用性人力资本的积累，从而不断提高劳动力素质和专业技能水平。这些优势可为文化创意产业的可持续发展和创新提供良好的基础和环境，使得企业在用人、招人上匹配成功的概率变大。文化创意产业集聚发展还可以降低文化创意人员之间相互磨合以及协同创新的成本。

文化创意产业所带来的收益是非常高的，这就意味着当前市场是非常大的，人们对文化创意产业的需求是非常高的。文化创意企业在特定区域内的集聚发展会导致相关工作人员的工资上升以及消费者购买力提升，从而使得其需求市场得到进一步的扩大。不仅如此，产业集聚发展还能够促进信息和技术的扩散，由此还可以加速文化创意产品的生产和营销流程，提高产业的整体竞争力和市场占有率，实现更为长远和可持续的发展，促进本地经济的增长。

（2）地方化经济

文化创意产业的企业聚集，进而引起的聚集区域内因产业规模扩大，使得生产成本降低，其中被成本节约就是地方化经济。地方化经济属于文化创意产业的内部经济，但是对单独的某一个文化创意企业来说是外部经济。地方化经济成因主要有：采用更高效、更安全和更经济的生产和管理方式，可降低管理成本；共享文化创意劳动力池，使产业中的企业提供更好的文化智力资源，优化创意产品的创作和生产过程，从而降低成本，促进劳动生产率提高。文化创意产业集群内企业的生产链分工细化和创意产品生产专业化程度提高，可促进文化创意企业整体生产水平的提高。文化创意企业集聚式发展能产生大量人力资源需求，进而吸引大量人才，既可让集聚区拥有大量专业人才，又能丰富当地的人力资源市场。企业在空间地理位置上的相互靠近，能使信息传播速度得到显著提升，同时也能有效地推动技术的广泛传播，文化创意产业集聚区内的企业能够更迅速地获取最新的技术信息，从而促进同行之间的相互模仿和学习，加速新技术的传播和推广。新工艺、新技术在文化创意集群内迅速传播，企业之间以及企业与消费者之间相互沟通、互动，有利于形成集群的竞争优势，也使企业更容易发现产品或者服务的不足之处，有效促进创新。

2. 文化创意产业集聚发展产生的创新效应

文化创意产业集聚发展具有知识扩散性强、交易成本更低、有机会获得风险投资等优点，与传统产业相比，它更为依赖独有的、有价值的、多样性的知识投入。文化创意产业集聚发展具有明显的知识外部性效应，对文化创意产业创新绩效的提升十分有利。文化创意产业集群主要参与主体包括供应商、消费者、外围产业、政府以及支持机构等，各个参与主体之间存在复杂的网络关系。文化创意产业集聚网络是一个在集体学习的基础上形成，以创新和创意为目的的新型网络。该网络的结构对集聚资源的配置和运行效率有着非常大的影响，像文化创意企业、文化创意组织、本地政府和同行业专业机构等等都在这个网络之中。这些个体之间可形成一个紧密联系的网络体系，能够帮助创意人在不断创新中快速发现和解决各种问题，集体智慧能使创新产生更多的启示和想法，从而提高文化创意产业集群的综合竞争力。同时，地理位置的邻近能够增加文化创意企业与相关创新组织间形成网络的机会，方便资源共享，可促进文化创意产业的进一步发展。

非正式交流是文化创意产业网络中不可缺少的部分，它不仅能降低知识互换成本，还能够降低风险和创造机遇，这对于整个生态系统的健康发展尤为重要。综合来看，文化创意产业集聚发展的创新效应体现在三个方面：分别是创新效率提高、创新效果改善、创新效益增强。在文化创意产业的集群中，集聚优势和协同效应发挥着越来越重要的作用，同时也在不断提高文化创意产业的国际竞争力。

3. 文化创意产业集聚发展产生的城市空间效应

根据对文化政策的分类，用以引导城市更新的文化政策主要有如下三种形式：

（1）与文化创意产业发展相结合的城市更新方式

这种方式通过建设文化创意产业园区，为文化创意产品或服务的生产提供空间和配套服务。在文化创意产业园区的建设中，政府还可以通过税收优惠、技术支持和金融服务等方式，为企业提供更好的支持和保障。通过这种方式，政府能够刺激创意产业的发展，同时也能促进当地城市更新。

（2）与文化设施建设相结合的城市更新方式

政府通过资金投入等方式促进公共文化设施的建设，能为市民和游客提供文化创意产品或服务的体验和消费空间，并美化城市的外在形象，增加城市的吸引力，带动城市更新。此举还有助于推动文化旅游业、金融业以及现代服务业等行业的发展。

（3）与城市经济文化活动相结合的城市更新方式

政府可通过提供场地和政策支持等方式促进大型活动的举办，同时运用这种方式能够加强基础设施建设，提升城市的接待能力和运营水平。当然，在举办大型活动的过程中，政府也需要注意风险管理和资源保护，充分考虑城市环境和市民利益，避免人为损毁或自然破坏，要创造良好的城市运营环境，为全面推进城市更新提供保障。

按照文化创意产业区的不同空间需求，文化产业区在与城市更新的互动之中，驱动城市更新主要有三种模式：文化艺术区模式、文化产业区模式以及独立文化产业新区模式。文化艺术区模式由艺术家主导，文化艺术家进入旧城区，可逐渐发展形成一个SOHO式艺术群落和"loft"生活方式，并自发地在老仓库或者老工业区等城市旧城区中融入文化艺术和创意元素，自下而上地带动城市更新。空间区位一般选择在旧城区或者城市内城等具有历史文化或者有工业建筑遗存的空间，在此类区位生活较为便利。由于文化艺术区是自发式的改造发展，主要发展原创型文化艺术产业，缺乏政府的有效推动，因而文化艺术区的改造能力弱，从文化艺术生产空间逐渐发展成文化消费空间，再转变成商业空间，发展比较缓慢，易受到商业和土地升值的影响，需要政府介入才能保持文化艺术的多元性、生产活力和城市更新的可持续性。如北京的"798"艺术区和宋庄、上海的"M50"和田子坊以及深圳大芬村都是典型的文化艺术区。北京的"798"和上海"M50"都因受到商业繁荣时房价和租金上涨的影响，迫使艺术家向其他地区转移。当商业变得繁荣之时，该区域就会排挤艺术生产，这时文化艺术区便会迁移至另一城市的衰败地带，从而实现城市空间的再生和循环。

文化产业区模式由政府主导，在城市发展不佳的地区，政府会筛选出那些具备文化和创意潜力的空间，并通过制定政策和制度来明确文化产业区的定位和发展规划，从而自上而下地促进城市更新。空间区位选择与文化艺术区类似。政府是文化产业区空间生产的主体，政府的大量资金投入将用于改造翻新，从而改善空间的整体布局、增强产业的多样性和互补性，并有效化解商业繁荣或者土地价值升值带来的影响。其文化生产和消费功能强大，创新能力也有保障，能够长期推动城市更新。如英国谢菲尔德文化产业区就是典型的文化产业区。

独立文化产业新区模式也由政府主导，但是政府在此处对文化产业的介入程度超过了文化产业区，在该区域完全新建一个产业区，以文化产业新区的建设为推动力，促进城市的更新和发展。空间区位一般选择在城市边缘，可承受土地需求量大的文化产业园区项目。大量的政府资金被注入新区的道路和基础设施建设中，街区环境和建筑样式与布局、公共空间都有统一的整体规划，空间布局更为合理。独立文化产业新区发展的文化产业类型是以文化旅游业为主导的文化消费产业，发展初期带来的城市更新效果显著。但是其文化生产能力较弱，长期需要国家政策扶持以增强文化生产和创新功能，以此维持城市更新发展。西安曲江新区就是典型的独立文化产业新区。

（二）文化创意产业集聚对区域经济发展的影响分析

文化创意产业集群对区域经济的增长方式、竞争力、协调发展都有着不同程度的影响，并能影响城市功能转换和区域就业能力。我国是制造业大国，第一产业和第二产业以劳动密集型产业为主，传统经济发展主要依靠对自然资源的开发，对土地和能源的依赖性大，以有限的资源以及生态环境为代价，其产能受资源和环境限制，经济发展也受到牵制。因此，优化升级产业结构是我国经济发展的必经之路。文化创意产业的产品附加值高，可以通过创意将文化、技术与自然资源相融合，延伸扩展传统制造业，这也正好契合产业结构转型的需求。尽管我国拥有丰富的文化资源，但文化输出规模相对较小，因此需要通过创新来激发文化资源的活力，创造出具有知识产权的文化创意产品，铸就品牌力量，占据国际市场，提高我国的核心竞争力，实现区域经济的可持续发展。文化创意产业集群的形成是区域品牌形成的基础，文化创意产业集聚发展可以产生知识溢出效应以及规模经济，促进区域知识创新和文化创新，提高生产效率，有利于产生乘数效应、促进区域经济的规模扩大，并且有利于打造区域品牌、提高区域核心竞争力。

第三节 数字经济下文化创意产业集聚动因研究

一、文化创意产业集聚因素分析

（一）文化创意产业集聚租金理论分析

近年来，大数据、人工智能、区块链等新技术加速了文化创意园区的转型升级，加快了现代文化产业体系和市场体系的完善。一批文化产业积极探索转型发展之路。与此同时，网络文化消费也在不断增长。随着网络消费规模的扩大，文化创意产业集聚出现了多样化的内容形式。文化创意产业园是与文化创意产业相关联、具有产业规模集聚的经济功能区和文化综合体。随着数字经济时代的到来，数字文化产品应该借助人工智能、虚拟现实以及云计算和大数据等网络技术进行深度运用，数字文化产品生产模式逐步走向智能制作、云平台和产业链。首先，从文化创意产业中可以看出文化创意产业的融合性，将现代信息、网络技术以及传统文化内容要素高度融合，形成一种满足人们精神文明的需求，形成丰富多样的产品或者服务。其次，网络化结构也体现在文化创意产业传播途径以及渠道的多元化中。要将数字技术、网络信息技术等运用到文化创意产业上，为文化创意产业提供更多的传播路径。例如：采用数字技术对影视作品实行处理，能够将拍摄的局限性打破；采用更低的成本来呈现更优的画面，可有效将数字技术与卫星技术融合，为影视传媒事业打造一个崭新的传播途径；数字技术能够充分展现用户的个性化需求，为用户提供更优质的服务。

文化创意产业集聚在生命周期的不同阶段会呈现不同的特征：在萌芽期只有少数分散布局的大规模企业，企业之间缺乏沟通，依靠自身的资源优势发展，此时的产业集聚具有不确定性，无配套设施和政府支持，产业集聚意识处于萌芽阶段；在成长期，企业数量逐步增加，分散的企业之间开始形成竞争协作关系，逐步吸引配套资源进入集聚区，相关的第三方服务机构开始进入，此时产业集聚能力和知识外溢效应也不断增强；在成熟期，产业集聚区内的企业数量庞大且相互之间具有复杂且稳定的协作关系，企业的自我创新意识逐步下降，为占领市场份额不断追求规模效益，最终导致产品质量恶化，利润下降；在衰退期或者再生期，有限的资源在集聚区内竞争加剧引发恶性竞争，规模经济失效，企业数量开始逐渐减少，集聚呈现僵化状态，如果集聚区内的企业在此阶段能意识到问题的严重性，及时补救，文化创意产业集聚将可能重新发展、繁荣，进入再生期。

文化创意产业集聚发展主要是为了降低成本、获取竞争优势以及扩大资本存量，其发展会受到正向作用力和反向作用力两方面因素的影响。当正向作用力大于反向作用力时，企业会在集聚内部获得更多的超额利润。企业加入文化创意产业集群是因为产业集聚网络组织可以创造出集聚租金，集聚租金将驱动集聚效应出现。集聚区域内的企业如果无法取得满意的集聚租金，可能会撤出该集聚区，导致集聚区出现不稳定现象，严重时可导致集聚区解体。由此可知，文化创意产业集聚的过程也是企业追求集聚租金的过程。当集聚租金停止增长甚至减少时，文化创意产业集聚趋势将不再加强，甚至会开始衰落。通过对学者在集聚租金划分的研究，作者梳理出4种具有明显阶段性的集聚租金形式：

1. 李嘉图集聚租金：文化创意产业萌芽期和形成期集聚的全部动力

在萌芽期的文化创意产业集聚过程中，特有资源的推动起到了重要的作用。相较于传统产业，文化创意产业对自然资源的需求较少，更多地依赖于文化资源和地理资源。因此，萌芽期集聚区通常会选取一些旧工厂、仓库或者旧址进行改造，这样既可以降低成本，同时又能够形成独特的风格和特色，从而提供一个独具个性的集聚园区。创意资源是文化创意产业不可或缺的一部分。这些资源具有稀有性和难以复制性，是企业获取超额利润的重要手段。萌芽期的文化创意企业依靠创意资源和其他要素来获取超额利润。此时，企业在市场中占据垄断地位，争取超额的利润是它们进入集聚区的动力。

在文化创意产业形成期，重要集聚动力依然是李嘉图集聚租金。文化创意产业萌芽期，尽管集聚区内的企业数量不多，但资源异质性所创造的剩余价值仍然存在。当新企业进入集聚区时，它们可以与现有的垄断企业共享李嘉图租金。但是由于发展所需的配套设施不全面，进入成本高，集聚区内的文化创意企业一般规模较小、创意人才少，在企业的生产经营过程中，无法发挥溢出效应。此阶段依然是以追逐李嘉图租金为主动力,每个企业获得的平均超额利润减少,但长期处于成本线以上便可维持经营,理性思考的企业依然会选择加入集聚区。

2. 彭罗斯集聚租金:文化创意产业成长期集聚的主要动力

集聚区内的企业不断增多,资源异质性带来的价值开始降低,随着时间的推移,区位因素的重要性逐渐降低,李嘉图集聚租金逐渐消失。但是伴随着集聚区内的企业增多,为了适应集聚区,企业之间的交流合作不断加强,随着整体学习能力不断提高,知识在集聚区内具有良好的外溢效应。集聚区内的专业人才不断流动,技术和经验也会得到快速的传播。这为集聚区内租金的获取提供了便利。集聚区内形成的大量个人社会网络在不知不觉中还促进了相互之间信息资源的交换,这些隐性知识极大地推动了集聚区企业竞争力的提升。集聚区内因资源优化配置以及企业能力增强所带来的集聚租金,即彭罗斯租金。在此集聚租金的推动下,良好的合作竞争关系使得企业在成长期进一步集聚,既包括地理位置的集聚,也包括隐形资源的聚集。

3. 关系集聚租金、理查德集聚租金以及熊彼特集聚租金:文化创意产业成熟期集聚的主要动力

关系集聚租金是基于高度信任以及社会关系网络的关系租金,企业在交易中获得超额利润,以关系为重点。文化创意产业成熟期的集聚区内以网络化为主,如竞争协作网络、社会网络、新网络模式等。集聚区外的企业可被关系集聚租金吸引,选择进入集聚区内。由此可说,关系集聚租金在一定程度上促进了文化创意产业的集聚发展。

理查德集聚租金,即无形资源长期价值供给能力形成的租金,主要体现在品牌效应、商誉等。文化创意产业具有强辐射性、高渗透性,与其他行业结合可形成高附加值的产业链。在对提高自身的知名度、创造自身品牌等无形资产的追逐过程中,会产生理查德集聚租金,由于受此租金的吸引,一些集聚区外的企业会进入区内,希望利用集聚区内已有的有形资源和无形资源提高自身的竞争力。可见,理查德集聚租金能够推动产业成熟期的集聚。

熊彼特租金是指在不稳定环境中,企业破坏现有优势,创造性地获取超额利润。成熟期的文化创意产业集聚区容易出现路径依赖的现象,重视熊彼特集聚租

金的获取、创新，能避免文化创意集聚区进入衰退期。

4. 熊彼特集聚租金：延长文化创意产业集聚成熟期的主要动力

熊彼特集聚租金具体表现为创造新企业、新供应链、新管理模式等，以各种创新提高集聚竞争优势，以创新推动集聚区的可持续发展。在文化创意产业的衰退期，集聚区内企业创新能力减弱，企业数量过多导致生产协作网络的维护成本不断增加，阻碍了文化创意产业集聚区的进一步发展，文化产业集聚区会出现钝化现象。但是集聚区拥有的无形资产不会瞬间消失，我们可以利用无形资源价值，结合创新的商业模式，创造出一个新的集聚区继续获取超额利润。要不断创新、完善文化创意产业集聚区，继续延长成熟期、避免衰退期，倘若不能避免衰退期，那么我们就要抓紧找到促进其发展的动力，从而让文化创意产业集聚区生存下去。

由上述分析可看出，文化创意产业集聚生命周期的不同阶段都对应着不同的集聚租金，如图 3-3-1 所示。产业集聚租金是一个动态概念，不同阶段的集聚租金都有不同的因素在促进产业集聚发展。

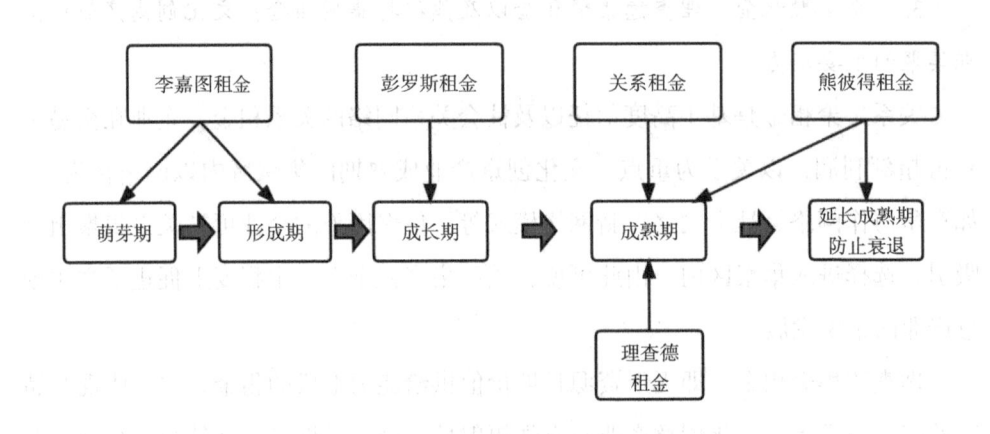

图 3-3-1 不同生命周期阶段文化创意产业集聚的租金

（二）文化创意产业集聚影响因素研究

文化创意产业集聚发展生命周期的不同阶段有不同的主要影响因素。萌芽期与形成期的李嘉图集聚租金主要是受稀缺性资源影响，比如集聚地成本低且交通便利又独具风格特点等优势。文化创意产业成长期的彭罗斯集聚租金主要受专业技术、人力资源以及非正式社会网络等因素影响。集聚区成熟期追逐三类集聚租金：关系集聚租金、理查德集聚租金和熊彼特集聚租金。关系集聚租金主要受社会关系网络、企业之间的信任关系、文化创意企业与其相关联企业之间的关系所影响；理查德集聚租金受无形资源，例如，品牌、商誉等因素影响；熊彼特集聚租金主要受创新能力影响；延长成熟期防止衰退阶段主要是受创新所影响。

虽然在集聚区发展的不同生命周期阶段，集聚度所受的主要影响因素有所不同，但是将其细化分解，借助波特竞争理论，将产业竞争战略与产业集聚趋势相互融合，可以实现更高效的产业发展。波特的竞争优势学说主张产业集聚的主要目的是获取竞争优势，不仅仅是为了获取降低成本、提高专业化程度、加强知识溢出等集聚效益，更是为了刺激创新、提高生产率，从而达到提高竞争力的目的。波特指出影响某种产业竞争力的主要有生产要素、需求条件、相关产业以及支持产业四大因素，政府可以通过作用于这四大因素而对产业竞争力产生作用。根据波特竞争优势理论、文化创意产业的独特属性，我们可以归纳出影响文化创意产业聚集的因素，主要为以下几点：

1. 生产要素

文化创意产业的生产要素与普通产业类似，可划分为初级生产要素和高级生产要素。初级生产要素主要包含自然资源、地理位置、资金投入、非技术工人等；高级生产要素主要包含信息通信、交通基础设施以及受高等教育的人力资源等。结合文化创意产业的特征，从各个方面综合考虑，我们可以将文化创意产业的生产要素分为四种：文化资源、人力资源、资本资源以及基础设施。

（1）文化资源

文化资源是文化创意发展的基本需要。具有文化底蕴的地区能够吸引更多的文化创意人才和企业入驻，还能够为消费者提供更多文化产品和创意服务。一方面，丰富的历史文化能为创意产业的开发提供重要的灵感与支撑，降低开发成本，创造更加具有市场竞争力的文化产品，从而使其在市场价格竞争方面获取优势；另一方面，具有特质性的地方文化为其他地区的同类产品进入设置了天然障碍，能使依托本地特有文化资源而生的产品具有独特的文化价值，从而在市场中拥有差异化优势。优势越明显,超额利润越多,吸引的企业便越多。

(2)人力资源

人力资源较丰富的地区,知识储存量大、知识更新速度快。文化创意产业人才在地理位置上的集中将有利于知识溢出,通过这种方式,企业可以更快地、更便宜地获取新技术、提高生产和经营效率,进而吸引更多的企业从区外迁移到集聚区。在人力资源丰富的地区,企业用人的选择越多,越能够雇佣更高效、更高素质的人才,从而在一定程度上提高企业的生产与经营效率。在文化创意产品或服务的生产过程中,文化创意人才在文化资源基础上的创新是产品或服务成功的关键。文化创意产业本质上是知识型产业,高度依赖创意,但是创意源自人的思考能力。知识密集型的文化创意产业,其从业者需具备高技能、高素质,这类人才对工作环境要求较高,一般集聚在大城市及周边地区,因此大部分文化创意产业都集中在大城市中。这是由于其存在大量外包行为,这些外包行为一方面造就了许多中小型文化创意企业的存在,另一方面也导致大量自由职业者的产生。只有人力资源相对丰富的地方才能满足文化创意产业发展的需要。

(3)资本资源

产业集聚实质上就是产业资本在空间地域范围内的集聚过程。在企业选址时,需要考虑集聚地的资本情况。资本可被划分为固定资本与金融资本。固定资本指厂房、设备等,因其具有不可移动性,对固定资本进行投资可直接对文化创意产业的发展产生长时间影响。资本在某一地区大量集中时,会吸引人力资源不断向该地区流动,进而以资本集聚带动人力资源集聚。当资本、劳动力等生产要素都在某一地区高度集中时,产业集聚发展就会形成。当文化创意产业集聚度达到一定数值,资本收益率会不断提高,将吸引更多资本流入产业集聚区的优势产业中,更多的金融资金流入也将进一步强化优势产业的集聚程度。相较于一般传统产业而言,文化创意产业是一种综合了知识密集型、技术密集型和资本密集型的复合产业,具有高度的综合性和复杂性,前期投资较大,需要充足的资金维持其发展。

(4)基础设施

区域经济发展需要将基础设施作为支撑,这直接影响着文化创意产业的集聚和选址。发展文化创意产业需要考虑该地区的基础设施条件是否能满足要求,便捷的交通运输和网络通信对于文化创意产业来说发展成本更低,更有利于其繁荣发展。

2. 市场需求

根据克鲁格曼"核心—边缘"模型,要想实现制造业的空间集聚,必须同时满足规模报酬递增、运输成本低以及市场需求足够大等三个关键条件。克鲁格曼认为三个条件中,足够大的本地市场需求是选址优先考虑的条件。克里斯塔勒的中心地区理论也认为,在运输成本相同、消费者偏好相同、资源均匀分布的前提条件下,选址的关键因素是市场需求。市场需求不仅取决于产品价格,还取决于消费者的收入、爱好。

市场需求也是牵引文化创意产业发展的重要动力之一。根据国际经验,当人均 GDP 超过 5000 美元时,大众消费将从以物质消费为主转向以精神文化消费为主。经济发展水平是文化创意产业空间集聚的基础,区域人均 GDP 与人口密度和人均消费能力紧密相关。文化产业是一个高收入、弹性的产业,其产品具有较高附加值,在实现自身对物质的需求的情况下,消费者才会产生文化上的需求,所以其与经济收入水平密切相关。在市场形成巨大需求能力即市场规模之后,在经济发展的向心力作用下,会不断吸引企业在该地区集聚,从而不断扩大生产规模。生产规模扩大又会吸引更多的从业者前来就业,从而使市场需求进一步扩大。消费需求越多,吸引企业数量越多,文化产业越能得到充分的发展,并实现文创产业的发展。

3. 关联产业

根据最新的文化创意产业分类,其内涵扩大并得以进一步发展。现在该行业的门类包括制造业、批发业、零售业和服务业。总体上,与文化创意产业相关的支持产业是以第三产业为主的,包含互联网行业、计算机行业、教育业、金融业以及交通运输仓储业等。它们可从不同方面给予文化创意产业不同程度的支持,如教育业主要为文化创意产业提供人才支持,金融业主要提供经济支持,互联网、计算机主要提供技术支持。当文化创意产业与相关产业发生关联效应时,会形成一种产业链特性,具体表现为与文化创意产业关联性较强的产业与文化创意产业形成一定程度的技术经济关联，在产业部门之间的逻辑关系和空间布局关系基础上形成上下游产业链关系，达到产业融合的多行业产业集聚形态。

4.政府政策

目前，我国大部分文化创意产业集聚区都由政府主导建设而成，政府的政策支持在文化创意产业集群发展中有着不可撼动的地位。政府的政策可以为集聚发展提供强大的资源支持，在经济落后地区，政府的行为在一定程度上可以成为产业集聚的决定性力量。

产业关联作为推动产业集聚的影响因素之一，扮演着中间枢纽这一关键角色。产业之间的关联性来源于彼此的投入与供需关系，即过程中某一产业的产品或者服务能够充当另一个产业的投入品，或者这个产业以另一个产业的产品或服务作为投入时，能够反映这两个产业之间存在比较明显的关系，同时也能体现产业关联性的实质。在经济发展过程中，产业部门之间存在着广泛、复杂和密切的技术经济联系。产业关联方式就是这种特殊联系的依托载体或基础，以及各产业部门之间不同类型的依存关系。

二、文化创意产业集聚动因权重分析

对于产业空间集聚形成因素的理论解释，新古典主义贸易理论和新贸易理论便于我们理解产业空间集聚形成因素。前者强调技术和生产要素的异质性，以及外生的比较优势是贸易的驱动力；后者认为规模经济和市场效应是产业地理集聚的主要原因。因此本文在文化创意产业集聚动因分析中加入了规模经济要素。由于政府政策这一集聚动因是通过影响生产要素、关联产业、市场需求和规模经济，对文化创意产业集聚产生间接影响，因而在集聚动因权重分析时不做考虑。以下只分析影响集聚的直接影响因素：

（一）专家调查法确定相对重要性数值

专家调查法是评估指标相对重要性的一种重要方法。我们应当考虑专业知识和经验丰富、具有较高权威性的专家给出更准确的评价，为了减少评价结果的主观性，可以采用1~5标度进行评价。专家可以根据自己的认知和经验对指标重要性进行评价,将评价结果直接体现在问卷调查表中设置好的表格内。在数据的收集和处理过程中,要采用网络电子邮件的方式快捷地收集专家的反馈,并进行数据的汇总和分析。通过这种方式,我们可以得出各个指标相对重要性的权值,为后续的分析和决策提供重要依据。

为了保证结果的权威性和有效性,在确定参与问卷调查的专家时应注意以下两点:

1. 专家资格认证

为了保障结果的权威性,选择的专家需要拥有具备权威性的专家,他们应熟知该领域的特点、规范和发展现状。

2. 专家来源确定

在指标体系设计的过程中,由于不同的专家群体在指标选择和权重评价阶段中都会存在一定的主观性,因此我们需要在指标权重的确定过程中避免专家主观性对指标权重的重复影响。这就需要在选取专家群体时,避免选择访谈过的或进行问卷调查的专家,以降低主观性的干扰程度。此外,为了更全面地考虑到文化创意产业集聚动因的影响因素,我们需要从不同评价视角选取不同来源的专家群体,以确保权重设计更加客观科学,并能够满足不同评价需求。

(二)集聚动因的选择及指标权重计算

为确定准确的指标,我们可以采用通过对不同类别的专家进行调查并采用加权平均和层次分析方根法的方法,这可以有效地消除不同专家类别对指标权重的主观性影响。其中,加权平均法可以综合考虑不同专家对指标的评价结果,而层次分析方根法则能够在不同层次间建立数学模型,从而更为全面地分析和比较各个指标的权重。

从高校及科研单位专家和社会专业人士的角度对文化创意产业集聚动因权重进行分析,我们能够明显发现影响文化创意产业集聚最大的因素为产业关联,而产业集聚对产业结构和经济的转型升级具有促进作用,对国民经济的发展有一定的影响力。故对文化创意产业的关联性研究有助于推进产业和经济转型升级。

第四章　数字经济下文化创意产业集聚的发展挑战

本章主要内容为数字经济下文化创意产业集聚的发展挑战，分为数字文化创意产业的法制治理和数字文化创意产业的经济难题两部分，以此来分析中国文化创意产业发展过程中需要解决的问题。

第一节　数字文化创意产业的法制治理

一、大数据时代文化创意产业知识版权保护的必要性

随着社会经济的蓬勃发展，文化创意产业的概念逐渐深入人心，成为人们广泛运用的领域。文化创意产业是一个涉及诸多学科的新行业。在全球范围内，文化创意产业已经得到了广泛而深入的运用，并且取得了一定的成果。文化创意产业已经发展成为一个国家综合国力提升的重要标志之一。文化和创意是文化创意产业的核心元素，因此文化创意产业应该覆盖所有与文化和创意相关的产业领域，能确保其在整个产业生态中的地位和影响力。文化创意产业主要包括设计产业、出版业、娱乐业以及电影、电视、音乐、舞蹈、戏剧、曲艺等行业。文化创意产业是一系列旨在创造新产品或提供新发明的活动，其独特之处在于其具备创新性和高度的附加价值。广义上讲，文化创意产业是指包括文化生产、传播以及消费在内的整个过程中所产生的一切物质成果及精神产品的总称。文化创意产业的核心在于将文化与经济、文化与科技有机地交融，从而形成一种相辅相成、相得益彰的关系，为文化的繁荣发展注入新的活力；将文化活动转化为可持续发展的产业，使其成为推动经济增长的崭新引擎；同时还可以利用文化资源开发衍生出其他相关产业，如旅游业、娱乐业、文化产业等。文化创意和科技创新作为双重引擎，能为企业注入源源不断的活力和创新动力，从而推动产业附加值和竞争力的不断提升。随着知识经济时代的到来以及全球化进程的加速，文化创意产业作为一个新兴产业正日益受到各国政府的高度重视。文化创意产业已经拓展至更广泛的领域，强调政策引导以促进产业转型和提升价值，从而实现文化部门向产业部门的直接转型。

随着信息技术和移动互联网的蓬勃发展，云计算已经成为网络变革的主流趋势，而"大数据"则是云计算发展的重要成果，这也已经成为一种不可忽视的趋势。"大数据"作为信息时代最主要的特征之一，在全球范围内得到了广泛关注。

在海量信息中，蕴含着巨大的商业机遇和价值，这就是所谓的"大数据"。在大数据环境下，企业可以从海量数据中获得有价值的知识与经验，从而提高自身竞争优势。随着大数据的崛起，人类踏入了一个全新的纪元，这一理念已经深入到所有致力于发展的领域中，成为人们获取新认知、创造新价值的重要动力。随着"大数据技术"的迅猛发展，我们的生活方式和工作方式正在经历一场深刻而全面的变革，这场变革将对社会经济产生深远的影响。在当今商业环境下，大数据技术已广泛应用于企业管理与运营的各个领域，如市场营销、客户关系管理等。大数据将成为未来商业活动的主导趋势，这一趋势已经在全球范围内引起了震荡，预示着一个以大数据为驱动的时代即将到来。在此背景下，文化创意产品的设计与生产也必将随之发生变化。在当前的形势下，文化创意产业的创新模式正在经历一场深刻的变革，文化产业将迎来一个大数据时代的浪潮。文化创意产业作为一种新兴的商业模式，它不仅具有传统行业的特点，而且还能与信息技术高度融合，是一个典型的信息密集型产业。随着大数据时代的到来，文化创意产业所面临的知识产权保护、运用和管理挑战愈加严峻，这进一步凸显了其紧迫性和重要性。

文化产业是涵盖智能产权、文化服务和文化产品三个方面的广义文化领域，其目的在于为社会创造财富和提供广泛的就业机会。文化产业属于智力资本和知识形态资本，它以知识产权的实现或消费为交易特征，以创作、创造、创新为根本手段，以文化内容和创意成果为核心价值，从而呈现其交易特征。"大数据时代"，大数据对人类生活产生着巨大影响，也给文化产品带来新的机遇。由于"大数据"的出现，文化产品的内涵得到了极大的充实和拓展。"大数据"也使文化产品的形式呈现多样化趋势。文化产品具有商品属性与文化精神属性两方面的特点。文化产品的商品属性与一般消费品不同，其主要表现在信息载体上。在当今大数据时代，文化产品的内涵呈现出一种无形的、具有高度附加值的特征。数字技术的应用使文化产业实现了生产、流通、消费等各个环节的融合。无论是从国际文化产业的发展经验还是国内文化产业的发展趋势来看，数字化已经成为文化产业不可或缺的一部分，具有极强的竞争力。文化创意产业作为新兴的朝阳产业，对提升国家软实力有着重要作用。文化创意产业的核心在于激发全民族的创造力，这是推动我国文化创意产业发展的至关重要之处。霍金斯在《创意经济》一书中将创意产业定义为知识产权法保护范围内的经济部门，这四种工业（专利、版权、商标和设计）相互对应，共同构成了创造性产业和创造性经济。创意产业是以智力劳动或知识密集型服务为主的新兴业态，具有高投入、高风险、高产出等特征。知识产权是文化创意产业的生命线，它不仅是文化创意产业的核心竞争力，决定着文化产业的发展前景和未来走势，更是决定着文化创意产业是否能够生存下去的重要因素。文化创意产业是以智力劳动或知识为基础，通过对人的创造力进行开发，使其成为具有高附加值的新产品、新工艺以及服务的活动及其所依赖的机制、环境的总和。创意产业是一种以知识产权为主要价值、以创意为核心资源的产业，其经济效益在创意价值的形成、保护和积累过程中得以体现。若创作者的创造价值未得到充分尊重和保护，将导致其在研究和生产过程中无法获得应得的投资回报，从而极大地削弱其创新积极性。知识产权对创意产业具有重要意义，它可以使企业获得巨大利润，同时也可促进社会经济进步。因此，文化创意产业的可持续发展离不开对知识产权的高度重视和保护，只有这样才能确保产业的前进不会受到任何阻碍。知识产权作为文化创意产品的所有权归属，具有重要作用。知识产权制度作为一种激励人类创造智力成果的产权机制，不仅能够确认和保护创意成果，同时也能为创意产业提供强有力的保护措施。知识产权制度作为一项基本法律制度，其作用在于能通过明确界定著作权人和社会公众之间的权利义务关系，使创意成果成为社会财富。该制度确保了权利人对创新成果的独占，同时为创造性劳动所创造的价值提供了公正合理的分配机制。知识产权制度能够维护创意产品的商业价值。因此，知识产权制度的确立为创意产业的可持续发展奠定了坚实的法律基础，为其提供了有效的保护机制。文化创意产业的繁荣离不开知识产权的支撑和保障。文化创意产业是一种新兴产业，其产生和发展离不开知识产权制度的有力支撑。若缺乏有效的保护机制，仅采用各种激励政策，将难以激发企业的积极性，也难以与国外企业竞争。无论是从国际文化产业发展经验还是国内的发展趋势来看，任何国家若要推动文化创意产业的发展，必须确保从业者的劳动成果得到充分的保护。知识产权在促进经济增长和提高竞争力方面有巨大潜力。当前，我国文化创意产业研究的核心议题之一是如何确保文化创意产业的知识产权得到妥善保护。文化创意产业的特殊性决定了其知识产权保护不同于一般产业的特征。加强知识产权保护是推动文化创意产业蓬勃发展的关键，需要全社会广泛关注并得到相关部门的高度重视。

二、我国文化创意产业知识产权保护的路径选择

学者们对于如何保护我国文化创意产业的知识产权，提出了多种不同的观点。在我国文化创意产业中，采用法律手段进行知识产权保护是一种高效的保护方式，其独特之处在于无可比拟。因此，要对我国文化创意产业发展现状以及面临的困境进行分析，探讨如何完善相关制度成为当务之急。尽管我国的知识产权法律体系起步较晚，但我国在20世纪80年代就已经逐步建立起了一套完整的知识产权法律框架，并在此过程中取得了显著的成就。改革开放后，随着市场经济体制改革的推进，国家制定并实施了一系列与知识产权相关的法律法规。1983年3月1日起施行的《中华人民共和国商标法》于1993年、2001年、2013年和2019年进行过四次修正；1984年3月12日通过的《中华人民共和国专利法》于1992年、2000年、2008年分别进行过三次修正；1990年9月7日通过的《中华人民共和国著作权法》于2001年、2010年进行过二次修正，第三次修订工作于2011年7月开始，第十三届全国人大常委会第十七次会议对《中华人民共和国著作权法（修正案草案）》进行了审议，并于2020年4月30日将其在中国人大网公布，向社会公众征求意见；1993年出台的《反不正当竞争法》（2019年修正）和《消费者权益保护法》（2013年修正），明文规定保护商业秘密与商业标识；1986年通过的《民法通则》在"民事权利"一章专门设一节规定"知识产权"；2017年通过的《民法总则》第123条规定了民事主体依法享有的知识产权。1994年颁布的《中华人民共和国对外贸易法》（2004年、2016年两次修订）设专门一章规定"与对外贸易有关的知识产权保护"；1997年修订后的《刑法》（2017年修正）设专节规定"侵犯知识产权罪"；2010年颁布的《中华人民共和国涉外民事关系法律适用法》专设一章规定"知识产权"。除了以上法律外，还有国务院1991年颁布的《计算机软件保护条例》（2001年、

2013年两次修正）、1995年颁布的《知识产权海关保护条例》（2003年、2018年两次修正）、1997年颁布的《植物新品种保护条例》（2014年修订）、2001年颁布的《集成电路布图设计保护条例》、2001年颁布的《专利法实施细则》（2002年、2010年两次修订）、2002年颁布的《著作权法实施条例》（2011年、2013年两次修订）、2004年颁布的《著作权集体管理条例》（2013年修订）、2006年颁布的《信息网络传播权保护条例》（2013年修订）等，除此之外还有最高人民法院、最高人民检察院发布的相关司法解释。可见，我国国内关于知识产权保护的法律框架已基本完备。关于知识产权保护的国际条约，我国加入的主要有《建立世界知识产权组织公约》《保护工业产权巴黎公约》《保护文学艺术作品伯尔尼公约》《世界知识产权组织版权条约》《世界知识产权组织表演和录音制品公约》《世界版权公约》《视听表演北京条约》《保护录音制品制作者防止未经许可复制其录音制品公约》《商标国际注册马德里协定》《商标国际注册马德里协定有关议定书》《商标注册用商品和服务分类协定》《专利合作条约》《国际承认用于专利程序的微生物保存条约》《工业品外观设计国际分类协定》《专利国际分类协定》《集成电路知识产权条约》《保护植物新品种国际公约》《与贸易有关的知识产权协议》等。我国在知识产权保护方面的立法水平已达到符合世界贸易组织相关协议的标准。我国为保护文化产业知识产权，建立了一套基于国家知识产权保护制度的特殊保护机制，该机制以国际条约、法律、法规及司法解释为基础，形成了一个完备的文化产业知识产权法制保护框架。在对知识产权进行保护时，我们要根据不同类型的产业特点制定相应的知识产权保护策略。为了全面综合保护文化创意企业的知识产权，我们可以采用多种手段，包括但不限于著作权、专利权、商标权、商业秘密权、反不正当竞争等，以选择最优的知识产权保护途径。

（一）著作权保护模式

对于文化创意产业知识产权的保护，著作权法具备多重优势。我国应借鉴国外先进经验，建立适合于文化产业发展需要的保护体系，并通过制定《著作权法》来保障其实施效果。首先，就著作权保护范围而言，著作权保护模式的标准要求较为宽松，能够广泛地维护权利对象的权益；其次，著作权法的保护机制简单易行，仅需进行注册登记，即可自动生效，无须进行任何申请或审批，从而节省了大量时间和金钱；再次，著作权法为其他开发者提供了利用已获得著作权保护的产品进行创新、改进和开发的便利，同时，"保护"也有利于鼓励社会力量参与到文化创意产业中去；最后，著作权法可在立法过程中降低成本开支。我国著作权法虽然已经明确了对文化创意产品的版权保护问题，但是对于如何利用著作权法对其进行保护还没有明确规定。考虑到全球范围内版权制度的广泛确立以及多个国家签署了《伯尔尼公约》和《世界版权公约》，我们可以利用现有的法律体系来更有效地保护文化创意产业，而一旦获得国内保护，实现国际保护就变得容易了。

当然，著作权的保护范围也受到了一定的限制。同时，由于法律制度上的缺失以及立法理念的落后，我国在对计算机软件著作权的保护方面仍面临着诸多困境。在著作权保护的框架下，计算机软件的保护范围仅限于其表面形式，未对其功能使用权进行充分的维护和保护。首先，计算机软件作为一种新兴的技术、技能和知识实体，其知识产权的核心在于其所拥有的功能使用权。因此，仅依靠著作权法来保护计算机软件是不足以确保其完整性和安全性的，需要采用更为综合的保护措施。其次，我国的《著作权法》和《计算机软件保护条例》规定，未经权利人授权，禁止复制或抄袭权利人使用某种特定语言书写的计算机源代码。再次，目前关于"计算机软件"一词还没有一个统一的定义。抄袭者只需对现有的源程序进行轻微调整或使用不同的源程序语言，即可使其失去安全性，创造出一款崭新的软件。由于计算机软件中的源程序思想、概念和表现形式紧密相连，在区分侵权和合理使用之间的关系时，相关企业需要进行复杂的区分，这可能会引起争议。

（二）专利权保护模式

专利法不同于仅保护表现形式的著作权，它在内在和实质上都是对产品的全面保护。专利法所涵盖的保护范围包括创新者的思想创新及其内在实质。

当然，对于专利权的保护模式，社会上也存在一定的制约因素。在申请专利时，必须确保其具备新颖性、创意性和实用性等实质性条件，否则许多发明将无法达到规定标准，从而无法获得法律保护。另外，对软件本身的开发过程来说，专利法没有明确规定其是否能够获得保护，因而这不能成为判断其能否被授予专利的依据。就计算机程序而言，专利法未能确保那些抽象的数学公式、算法和逻辑推理等智力活动的规则和方法得到充分的保护，无论这些规则和方法以何种形式呈现，专利法都无法对其进行保护。因此，计算机中的程序不受专利制度保护。只有当计算机程序在计算机上运行并实现其技术效果时，方可符合专利保护的规定。此外，相较于其他法律保护方式，专利申请的手续烦琐，且维护也需要一定费用。

（三）商标权保护

商标是企业拓展影响力、吸引客户、获取市场竞争优势的有力工具。随着经济全球化趋势，知识产权已成为企业发展不可忽视的因素。因此，我们应当特别关注那些致力于保护产品研发的人所开拓的市场。商标作为企业重要资产之一，其价值越来越受到关注。商标的主要职责在于维护商标权益，以防止其他企业制造虚假产品并侵犯其商标权益。创意企业是利用知识产权策略进行产品开发的组织形式之一，其目的在于使新技术能更有效地为消费者服务，同时保持与竞争者在竞争中的优势地位。为了符合商标法律制度并规划商标项目的创造、使用、保护和管理，创意企业通常会制定商标战略，以塑造企业形象并提升市场竞争优势。专利是知识产权中最重要的组成部分之一，其价值在于能使企业获得更高的利润，同时还能促进企业技术进步，增强竞争力。将专利和商标相互融合，可更有效地推广创新成果在市场上的传播。专利与商标之间具有天然的互补性，两者可以相互融合为一个有机整体，共同促进知识产权经济效应的发挥。具体措施包括：授权他人使用专利，同时要求对方使用其专利产品和商标，以提升被许可者的知名度和品牌效应。如果被许可者没有使用该专利技术或商标，则不允许其销售该专利技术或者商标。商标与专利的互换，是指授权他人实施其专利，以换取他人享有一定声望的商标使用权。这能在一定程度上减少因商标被抢注带来的损失，并为专利权人提供更多的保护机会。将商标运用于专利可延长生命周期，可以有效地维护市场利益，避免因专利权的时间性而导致市场优势的丧失。运用商标的独特属性，可以延长保护期限，从而维持企业在市场中的占有率。因此，商标保护实际上是对专利保护的一种延伸，它不仅能在保护期限上进行延长，同时也能在保护范围上进行扩展。尽管某一产品未被授予专利权或已失去专利权，其商标仍然享有法律保护的权利。

（四）商业秘密和反不正当竞争法保护

在产品开发过程中所蕴含的巨大创意智力成果，如计算机软件程序的算法、逻辑和技术秘诀，往往无法获得专利法的保护，这是一个普遍存在的问题。这就意味着这些创意成果不能被商业化利用，也没有商业价值，从而造成严重的经济浪费。在这种情况下，人们可以考虑运用商业保密技术来确保这些创新成果的安全性。这些创意成果往往具有一定的商业价值，因此，商业秘密法是保护这些创意成果最重要的法律手段之一。商业秘密法的保护在于确保这些信息的机密性，只有这样才能使其得到有效的保护。一旦商业机密曝光，其法律保护将随之消失。在知识产权领域，商业秘密权具有排他性，这与知识产权的权利属性不相符。因此，商业秘密法模式的缺陷将成为文化创意产业发展的绊脚石，会对公共利益造成不利影响。

在商业实践中，《反不正当竞争法》中的知识产权条款运用了广泛的术语，为各种特定的知识产权提供了补充或额外的保护，从而被广泛采用。规定"经营者"为受规制对象，仅限于商业领域，以满足文化创意企业制止竞争对手不当竞争的需求。

（五）合同法保护模式

根据我国现行的《著作权法》，仅凭创意本身并不能获得著作权保护，因为该法并未涵盖思想观念的保护。为了确保创意的安全性，我们必须将其转化为具体的形式。如果创意已完成了其创作过程并具有创造性特征，知识产权人可进行授权，将其作为商品在市场上销售，以达到经济利益最大化。若创意仍处于保密状态，企业要与其员工或交易方缔结涉及保密商业信息的契约。在合同被违反的情况下，企业享有要求对方承担责任的权利。另外，创意一旦泄露，企业可通过法律途径寻求救济。此外，企业还可在合同中明确规定支付创意报酬的方式等，以确保合同的透明度和公正性。

三、互联网文化产业版权保护问题

（一）版权保护是互联网文化产业发展的关键

数字文化产业或新媒体产业，即互联网文化产业，是当今科技和文化相互渗透的重要领域。它是指通过信息技术手段将各种信息资源进行整合后形成的一种新型的文化形态。目前，展现在我们面前的是一种全新的生产方式和生活方式，预示着"互联网+"未来的发展方向。在互联网时代下，互联网与文化产业的结合越来越紧密，并逐渐形成了一种新型的商业模式——互联网文化产业。传统文化产业因无缝连接、跨界融合和智力资本等词汇的融合而焕发出新的生机。在这样一个时代背景下，互联网文化产业应运而生。随着移动网络的广泛应用和渗透到人们生活的各个领域，互联网和文化行业实现了深度融合，从而激发了大众创业和万众创新的热潮，推动了文化产业的整体升级和更新换代。在这一过程中，互联网思维也逐渐渗透到文化领域。互联网深刻地塑造了文化产品商业模式，打通了文化领域的产业链，推动了文化产业的全面升级，最终形成了全新的文化产业生态链。与此同时，互联网技术也改变了人们的生活习惯，催生了"移动阅读""智能终端"等新兴消费模式，并进一步带动了整个产业形态的转型升级。我们已经迈入了一个全新的大数据时代，其中涵盖了开放协作、跨界融合以及各种移动设备互联等多个方面。在这样的时代背景下，作为一种新型经济形态，文化产业也迎来了前所未有的历史发展契机。随着全面信息社会的兴起，文化产业应如何充分利用这一新机遇，不断提升自身实力，并在新的生态环境中找到自身的定位？互联网思维与文化产业融合创新是大势所趋，也是我国文化体制改革和产业转型升级的内在要求。当前，多家网络巨头，如百度、阿里巴巴、腾讯等，正在积极开拓文学、影视、音乐、动漫等多个领域的市场，而以平台为基础、以内容为核心、线上参与为方式的商业模式已成为文化产业发展的主流趋势。互联网技术不仅带来了经济增长和生活方式变革，同时也催生了许多新型的商业模式。

文化产业的繁荣与否,直接取决于产品质量的高低,而科技的不断进步则在不断地改变着文化业态的面貌。知识产权是保障产品生产质量和市场流通秩序的有效手段。互联网塑造了一种全新的内容产业生态,这种生态使得知识产权在推动文化和科技融合的进程中扮演着极为重要的角色。

在当今信息社会的巨变中,保护版权已成为互联网文化产业发展的核心所在,而知识产权则是"互联网+"时代不可或缺的重要组成部分。"互联网+"与文化产业融合互动,不仅能为传统文化创意产业提供全新平台,还能使之实现产业化转型升级。随着"互联网+"的不断深入,互联网文化产业的版权保护问题已成为备受瞩目的焦点。近年来,"互联网+"已渗透到人们生产生活的各个方面,并对传统文化产业产生了巨大的冲击与影响。随着"互联网+"不断拓展至更广泛的领域和层面,各种创新的商业形态、模式和方法层出不穷,呈现出多姿多彩的面貌。与此同时,传统行业与新兴技术融合创新的步伐日益加快。互联网上涌现了大量与知识产权有关的内容。互联网文化产品与传统文化产品相比具有明显差异,其生产制作过程复杂、技术更新频繁、传播途径广泛,这使得网络著作权侵权现象越来越严重。因此,在我国互联网文化产业的蓬勃发展过程中,确保知识产权得到充分的保护,已成为一项至关重要的任务。

(二)互联网文化产业版权保护存在的问题与面临的挑战

1. 存在的主要问题

在 2015 年初,IP 在文化产业中掀起了一股热潮,成为备受关注的热门话题。若一个人不提到"知名 IP""热门 IP",那么在文化产业领域中,此人似乎缺乏专业素养。知识产权(IP)曾一度成为炒作的对象,甚至产生了虚假炒作的现象。在智力创造和经营管理中,IP 是一种无形的财产权、标记和信誉,被法律所赋予。《世界知识产权组织公约》第 2 条给知识产权下定义时采取了列举的方式,即知识产权应该包括下列几项权利:

①与文学、艺术及科学作品有关的权利。

②与表演艺术家的表演活动、与录音制品及广播有关的权利。

③与人类创造性活动的一切领域内的发明有关的权利。

④与科学发现有关的权利。

⑤与工业品外观设计有关的权利。

⑥与商品商标、服务商标、商号及其他商业标记有关的权利。

⑦与防止不正当竞争有关的权利。

⑧与一切其他来自工业、科学及文学艺术领域的智力创作活动所产生的权利。

《与贸易有关的知识产权协定》也采取列举的方式,将知识产权规定为著作权与邻接权、商标权、地理标记权、外观设计权、专利权、集成电路布图设计权、商业秘密权。如今文化产业界并不能完全解释 IP 知识产权的真正含义。在腾讯的泛娱乐语境中,明星 IP 意指某个形象或"故事核"。《中国文化报》2015 年 1 月 26 日的《IP 是什么?》一文指出, IP 是指内容,顶尖 IP 可比肩优秀的故事情节及人物角色。2015 年某微信公众号发布了十几篇 IP 相关文章,包括《IP 的核心要素,是隐藏在故事背后的价值认同》《全世界都在谈 IP,IP 的真相是什么?》《郭敬明:做成了整体的开发项目才能叫 IP》等,这些文章来自传统平面和网络媒体,曾在"文化产业评论"移动互联网平台掀起高潮。研究者精读这些文章后发现,其有关 IP 概念的解释不尽完备,准确度不高,甚多误导了非专业读者。正如一篇文章所述:"IP"是众人皆知,但真正理解"智慧产权"的人却寥寥无几。当 IP 加上各种形容词,如"大型 IP""火热 IP""优秀 IP""明星 IP""仿冒 IP"等,这些不同的概念就像是哆啦 A 梦的四维口袋般丰富多彩,"有容乃大",但这股 IP 热衍生出来的却是我国文化产业知识产权保护的严峻问题。以偏概全的"IP"概念被虚假炒作,甚至被当作炒作的噱头,这不仅无益于文化产业的发展,而且对知识产权保护造成了很大的困扰,令人深感担忧。关于文化产业圈热议的 IP 运营和孵化,据知名知识产权新闻媒体"IPR Daily"透露,目前流行的一种方法是利用盗版获取大量粉丝及关注度,从而获得广泛的影响力。然后利用其他渠道或相关的衍生产品来实现获得丰厚利润的目的。这个做法与知识产权保护的宗旨背道而驰。

2. 面临的挑战

随着大数据时代的兴起,云计算、转码技术以及网络聚合等新兴技术的广泛应用,文化创意产品的传播方式呈现出多元化和丰富化的趋势。与此同时,传统的文化创意产业受到了极大冲击。随着商业模式的演变，不同的利益格局应运而生，这是新兴变革所带来的必然结果。网络著作权侵权问题日益增多，传统著作权保护制度已经难以应对这些新型侵权模式。在互联网文化产业中，知识产权的保护面临着巨大的挑战。

相较于传统知识产权，网络知识产权具有更为明显的无形性，而其地域特征则相对较弱。

在传统的情形下，知识产权的客体可以被固定于实体上，并与物质形态相互融合。在互联网时代，知识产权客体已经脱离了物理形态而出现在网络空间。在网络环境中，知识产权的客体以压缩文字的方式呈现，并通过信号的传递方式进行传递，这使得知识产权客体具有了虚拟性的特点。由于网络的虚拟属性，知识产权客体的无形性特征更加显著，同时复制和传播变得更加便捷和经济。在这种形势之下，传统的知识产权制度已经不再适应于网络的发展了。由于数字化作品在网络环境下的高度可复制性，网络知识产权的维护变得更加复杂和具有挑战性。

传统知识产权的地域性特征在全球化的网络环境下面临着前所未有的挑战。传统知识产权制度中关于地理范围、时间标准和权利人等方面存在着一定的局限性。就传统知识产权而言，地域限制了其在空间上的效力，即权利主体所持有的知识产权仅在本国境内具有法律效力。由于网络具有跨时空、跨国界等特点，网络中的知识产权不可能被完全排除在国际的法律适用之外，而是必须以国家为基础进行管辖。然而，在信息网络环境下，由于互联网的无国界性，大量的知识产权侵权案件已经跨越了国界的限制。由于各国法律体系不一致，各国在网络空间中形成了不同的网络知识产权保护机制，这导致国际的知识产权冲突与协调变得更加复杂。这一情形不仅使得确认网络侵权主体和确定侵权行为的发生变得棘手，同时也给知识产权执法、监管和纠纷处理所需的证明等带来了诸多挑战。

在互联网文化产业的蓬勃发展过程中，如何应对版权保护所带来的困境，是一个亟待解决的问题。如何解决网络著作权人与其他相关方之间的利益冲突？为了适应互联网文化产业的蓬勃发展，我们需要探索一种平衡网络服务提供者、权利主体和社会公众三方利益的策略。其中,网络服务提供者的身份问题、网络著作权人与网络服务提供者之间的权利义务关系等问题,都值得关注与研究。特别需要探讨的是,如何确立网络服务提供者的侵权责任。

第二节　数字文化创意产业的经济难题

从本质上来说，文化消费其实就是对社会及他人所提供的精神财富资源进行消费。与此同时，这一消费过程中，人们会经历精神财富的消费、继承、储蓄、再生和创新过程。文化消费是拉动文化市场的重要环节，是未来行业创造新的经济增长点的重要抓手和突破口，文化消费还是实现人们共享文化发展成果的重要手段。

1. 收入水平增长约束文化消费

文化消费能力的决定性因素是居民整体的收入水平，因为收入是消费的基础和保障。一方面，人民的收入水平越高，人均可支配收入就越高，消费能力就会越强，从而对文化消费产品的需求越大；另一方面，文化消费可以被归类为与物质消费相对应的精神消费。所以，与人民的物质消费水平相同，文化消费水平也与居民的整体生活水平和收入水平有着密不可分的联系。根据马斯洛的需求层次理论可以看出，只有物质层面上的人们在满足低层次的基本的生理需求之后，才有可能上升到精神层面从而产生更高层次的需求，比如，对社会、情感、尊重和自我实现等层面的需求。所以，只有当人们的收入水平和生活水平进一步提高后，在居民收入可以很好地满足低层次的物质需求的基础之上，人们的注意力才会更多地转向满足精神需要的文化消费领域。

相关研究数据表明，当人均 GDP 超过 3000 美元时，文化消费将实现快速增长。当人均 GDP 接近或超过 5000 美元时，文化消费将进入发展的"井喷时代"。早在 2014 年中国部分发达地区的人均 GDP 已超过 7000 美元，但城镇居民文化消费没有快速增长，没有出现所谓的"井喷"现象。导致这一现象的其中一个原因是长期以来城镇居民收入增长率一直低于 GDP 增长率。

2022 年，全国居民人均可支配收入 36883 元，比上年名义增长 5.0%，扣除价格因素，实际增长 2.9%。城镇居民人均可支配收入 49283 元，增长（以下如无特别说明，均为同比名义增长）3.9%，扣除价格因素，实际增长 1.9%；农村居民人均可支配收入20133元，增长6.3%，扣除价格因素，实际增长4.2%。[①] 随着人均可支配收入的增长长期低于GDP增长，激发居民文化消费能力将受到极大限制。相关文化产品和文化服务无法及时转化为居民文化消费。如果这种情况在未来长时间持续且没有明显改善，居民文化消费能力的强劲增长以及在文化消费总量上取得突破显然是相对困难的。

2.其他支出大增，挤压居民文化消费

房价保持在高水平，其增强了支出预期，在很长一段时间内挤压居民在其他领域的消费，使人们巨大的消费潜力无法得到有效释放。因此，高房价成为激发居民消费能力的约束因素。

3.文化产品供给及消费环境制约

一方面，居民文化消费的总体水平很大程度上取决于居民的消费能力和消费意向；另一方面，除了居民消费能力和消费意向，居民文化消费还取决于文化产品自身的供给情况，如供给质量、供给结构等。

此外，许多偏远地区的图书馆、电影院等各种文化设施和场馆不完善，这也是文化消费的制约因素。文化消费和体验的相关设施和场馆的匮乏，致使当地居民无法获得高质量的文化产品。

---

① 中华人民共和国中央人民政府.2022年居民收入和消费支出情况[EB/OL].（2023-01-17）[2023-04-22].https://www.gov.cn/xinwen/2023-01/17/content_5737487.htm.

第五章 数字经济下文化创意产业集聚的发展策略

对于数学经济时代的文化创意产业集聚的长久发展而言，其所用策略发挥着至关重要的作用。本章讲述了数字经济时代下文化创意产业的发展策略，主要分为文化创意产业集聚的发展新纪元和新策略两个部分。

第一节　文化创意产业集聚的发展新纪元

　　文化创意产业的研究跨越多个学科领域，包括但不限于新闻传播学、经济学、社会学、美术学、管理学、金融学以及计算机学等多个学科。随着互联网技术发展，以数字技术为基础的网络文化形态应运而生。随着数字经济的兴起，文化产业的内容生产和营销传播呈现出升级的趋势，从文化和地理空间扩展到电磁网络空间，同时数字化的文化产品呈现出多样性，这些产品源自民族文化，是文化传播的基石。

　　以信息技术为代表的现代科技，引发了一场世界文化发展的深刻革命，文化创意产业作为当今人类社会新的财富创造形态，以其所产生的巨大乘数效应，正日益引起国际社会的广泛关注。当前，中国文化创意产业正处于21世纪的重要战略机遇期，全国范围内的文化创意产业园区所形成的聚合效应已成为推动经济发展的新的增长引擎。随着互联网技术的快速普及与应用，信息传播渠道更加多元，文化消费方式发生了根本性转变。创新型文化创意企业的涌现，为城市的发展注入了强劲的动力。文化创意园区已经逐渐演变为国家或地区经济社会发展水平和综合竞争力的标志之一。深刻洞察中国文化创意产业蓬勃发展的新态势、紧密关注全球文化创新创业的新趋势和新特点，是探索和规划中国文化创意产业园区战略、寻求其发展路径的重要前提。

一、中国文化创意产业发展的新机遇

（一）文化创意产业已成为创新型中国的战略选择

　　文化创意产业是适应新兴文化产业类别而崛起的产业形态，是当今世界发达国家经济社会发展的重要潮流。近年来，国内一些省市按照中央建设创新型国家的部署，基于数字经济的社会大背景，大力发展文化创意产业，这是向内生性经济增长方式的转变。根据当代全球文化竞争和国际文化产业分工的态势，为实现文化产业的健康发展，必须调整发展模式和改变增长范式。

数字文化创意产业是以文化、经济与科技的全面结合为自身特征，集设计、生产、传播、流通、消费等环节于一体的跨行业、跨部门、跨领域重组或创建的新型产业，它不再局限于传统文化产业观念和范畴，而是顺应新兴产业形态而创造的新型创新理念，并对新形态进行总结和推动发展。该理念以创意创新为中心，以知识资本的运作为手段，以高科技手段为支撑，以网络等最新传播方式为主导，向大众提供文化、艺术、心理、娱乐等精神文化产品，因而数字文化创意产业成为满足小康形态下人们精神文化娱乐需求的所谓"第五产业"。同时，文化创意产业也能带动整个国家和地区的产业结构升级。选择推进文化创意产业的发展，相当于采用了一种高端的经济和文化融合的发展模式。随着知识经济时代的到来，文化创意产业将越来越受到国家及地方政府的重视，其发展潜力巨大，发展前景广阔。作为现代服务业的高端组成部分，文化创意产业在整个服务业体系中扮演着至关重要的角色。目前我国已经有许多城市开始建立具有地方特色的文化创意园区。为了促进城市精神消费和娱乐经济的融合发展，要培育新的文化消费市场和新一代创意消费群体。建设文化创意产业园区是推动新型文化产业发展和社会机制创新的重要策略。

在全球化背景下发展文化创意产业、参与全球范围的文化博弈，必须有文化交流的大国思维。目前，国内一些城市的总体国际化优势不明显，但也有各自的国际化空间。深入挖掘、聚集这些特色资源，推动文化"走出去"，不仅能打开我国文化创意产业国际化的地理通道，更能构建国家之间文化交流的通道，而这种文化通道才是创意产业国际化的重要基础，也是保证对外文化贸易的国家利益，以及提升我国文化竞争力、实现可持续发展的根本动力。

（二）文化创意产品是满足人们文化需求的重要手段

经过高度工业化后，随着人们物质生活水平的不断提高、休闲时间的增多，消费主义成为支配人们日常生活方式的主导理念，娱乐性、消费性、休闲性、消遣性和益智性的文化需求已成为人们生活中的重要组成部分，由此产生了一批高水准的消费者，他们不仅在物质产品上消费，还在影像、电视、品牌、旅游、教育、甚至在消费符号等"知识产品"上消费。这就是消费文化时代到来所带来的结果。这种消费方式模糊了物质和精神之间的分界线，强化了对以消费为主导的社会经济组织的需求，要求各个企业以产业化的方式生产符合消费者需求的文化创意产品和服务，而非以生产制造为主导。文化创意产业正是适应这一趋势的新兴产业。文化创意产业在消费环境的推动下蓬勃发展，与消费之间形成了一种良性互动的关系。文化创意产业作为一种新的产业部门，它通过为人们提供具有创造性的产品或劳务，来改变人类的生存状态和生产方式。文化创意产业的繁荣离不开其核心产物——文化创意产品，这些产品不仅能够满足人们对文化消费的需求，同时也能为文化创意产业的进一步发展提供推动力。在一定程度上可以认为，文化创意产业的产生离不开社会文化消费的拉动作用。因此，当代文化创意产业的发展与社会文化消费需求之间存在一种相互依存、相互促进的共生关系，二者相辅相成、共同繁荣。

二、文化创意产业发展的新趋势

数字经济所孕育的文创产业，以知识和信息的生产为核心，为实体物产注入了无限的价值。在数字化背景下，文化创意产品不仅要满足消费者的精神需求，还需要满足其物质需求。数字经济在促进文化创意产业转型升级方面具有重要作用。随着社会数字化、智能化、网络化的信息水平不断提升，数字经济通过网络媒介对平台经济、工业互联网等多个融合型产业进行全面重构，彻底改变了文创产业的发展和治理模式，形成了一种全新的产业形态。在此基础上，数字经济将逐渐成为推动传统文化创意产业转型升级的重要动力。数字经济和传统文创产业的核心特征在于可将产业数字化、数字化治理和数据价值化，这三个方面的发展相互融合，共同推动着产业的转型升级。

（一）文化与经济、技术间的融合进一步深化

数字经济时代，文化与经济、技术的渗透与融合日益明显，文化创意产业本身具有的文化属性、技术属性、创新属性、经济属性、消费属性，将成为经济社会发展的新引擎。

1. 文化与经济的融合

从产品创新角度看，创意企业将文化因素注入产品及其生产、销售过程，不但能改变产品的性质、增加产品实体以外的文化含量、提升产品利润空间，更重要的是能造就产品的观念价值，真正满足消费者的精神需求，同时能提升企业的核心竞争力。

从产业发展层面看，纵观我国产业经济的发展历史，大致经历了由单一的物质因素决定产业发展到由物质、生态以及人文因素共同决定产业发展的转变，而且不难预料，生态与人文因素同产业之间的融合将更加明显，对经济发展的影响将更大。因此，我们必须加大文化与经济的融合。一方面，要把文化做成经济，以经济带动文化，以经济扩充文化，把文化做成产业，以此把文化从文化领域延伸到产业领域，实现文化与经济的互动、互补、互助发展；另一方面，要把经济做成文化，将文化元素引入产业中，让物质产业文化化，使文化成为产业创新的源泉和产业发展的主导力量，进而，增强产业的核心竞争力，提高产业效益。以美国的迪士尼为例，作为传媒产业，该公司过去只做文化，将米老鼠、唐老鸭等动画形象在电影、电视、图书、VCD 中展示。后来，迪士尼公司将动画形象这一文化因素注入实业中，开发出了服装、玩具及礼品等衍生产品，满足了更多人的需求，并进一步把动画形象这个无形资产全方位扩展，形成了涵盖购物、休闲、餐饮、住宿、旅游、体验在内的"迪士尼体系"，从而实现了文化与产业的融合发展。

2. 文化与技术的融合

文化创意的兴盛是科技和文化的高度融合，科技不仅是文化创作和传播的必要手段，也是推动文化创意发展的不可或缺的动力。只有依靠先进的资讯技术和实用的技术手段，才能让高质量的创意转变为令人满意的文化产品。发达国家的文化产业发展经验具有很好的借鉴意义。美国好莱坞电影之所以享誉全球，除了其内容优秀，还得益于现代科技的支持。好莱坞的立体电影融合了光、机、电、声、仿真等先进技术，赋予影视生动逼真的形象，并构建了多元体验，包括愉悦、紧张、轻松、惊险等，为文化创意和高科技带来了巨大的推动。可以说，文化创意产业依靠高新技术提升了价值，获得了丰厚利润，还影响了受众的消费习惯和意识形态。伴随着现代社会实体经济向虚拟经济、物质经济向精神经济的转变，文化创意产品被不断地广义化或泛在化，它不仅表现为技术创新的结果，更多地表现为内容创新和设计创新，被看作思想、信息或者文化。可见，在知识经济、技术发展和信息社会背景下，文化创意产业将呈现出文化融合、技术融合和产业融合的自组织创新特征与高成长性特点。文化创意产业园区作为创意企业的集聚平台，能为文化与技术的融合提供重要渠道与发展空间，它的发展将促进文化积累与科技发展所激发的创意向形成知识产权的成果转化。

（二）文化创意产业的新业态不断涌现

当前，新需求、新技术、新媒体的持续涌现和相互渗透，引发了经济领域的应用融合、产业融合和市场融合。在新媒体时代，跨界融合是文化创意产业发展的主要特征，新旧业态并行发展将成为发展常态。推进创意设计与现代科技在产品创作、生产、传播等领域的集成应用，将有助于增强文化产品的表现力、感染力和传播力，培育文化与科技双向深度融合的新兴业态。一方面，随着计算机技术、通信技术和网络技术的广泛应用，文化创意产业新业态将不断出现。尤其是大数据、云计算、3D打印、多媒体技术、软件技术、智能终端等高新技术在不同产业领域的广泛应用，改变了产品的呈现形态与销售模式，提升了品牌形象，创造了"注意力"优势。信息网络技术作为文化创意产业信息交流中枢，在任何一个文化创意产业园区的项目推介、产品展示、商品交易等活动的应用，都提升了活动效率，都发挥着不可替代的作用，在其自身获得发展的同时也推动了文化创意产业的发展。另一方面，传统产业主动迎合新需求，特别强调文化消费过程中的受众参与，并以此作为盈利的关键点，利用新技术带来的变革，创新产品设计，改进产品工艺，完善产业链，加强自主知识产权保护，提升品牌影响力，使传统产业焕发了新生机、新活力。

（三）新媒体间的跨界融合更加频繁

新媒体、信息和网络技术的飞速发展，使文化创意产业发生了深刻的变革，带来了内容载体、表现形式、传播方式和阅读方式的变化，为文化创意产业带来了新商机。旅游、电影等行业依托智能手机、3G移动互联网技术，为游客在旅程中获取信息提供了方便，也为旅游产业带来了一次崭新的机遇。微信、微博等传播手段，以及网上购物、移动支付等消费方式的应运而生，改变了传统的营销方式。一些影视传媒、动漫游戏等新兴产业，借助新媒体技术，将继续保持"跨界合作"的势头，希望通过整合内容、渠道及传统行业资源，不断开拓新的文化业态和市场空间，为企业发展奠定基础。

（四）园区与金融的合作更加深入

目前，我国文化创意产业园中的很多小微企业存在资金缺乏问题。2014年，资本追逐文化创意产业的趋势日益明显。尤其值得注意的是，随着国家文化产业体制改革，很多实业资本、民营资本纷纷关注并投资文化创意产业。2015年，文化创意产业园与金融的结合将更加紧密。金融机构与园区之间将通过授信、融资等方式，开发更多、更新的金融产品，解决创意企业的资金困难；金融机构可通过金融创新，给园区企业提供更多的金融服务支持，如知识产权融资服务、结算、网络银行、自助银行、账户管理、POS消费等；通过与园区之间的深度、全面合作，改善文化创意产业园区的发展环境，加强园区的规模化、品牌化、平台化的建设和发展。另外，面对大众创业、万众创新的时代形势，金融机构可借助互联网技术，为创意企业、创业者提供众筹募集、P2P网贷等互联网金融服务，推动众筹园区这一新载体的发展。在文化金融的促进作用下，国家文化产业创新实验区文化产业发展按下"加速键"，目前已成为全国文化产业创新驱动的重要策源地。2022年登记注册文化企业近5万家，其中规模以上文化产业单位1397家，发展态势强劲。2022年1月至7月，实验区规模以上文化产业单位实现营业收入883.9亿，同比增长13.3%。[①]

[①] 中国新闻网. 国家文创实验区"文化+金融"融合模式按下"加速键"[EB/OL].（2022-09-28）[2023-04-11].https://baijiahao.baidu.com/s?id=1744298684830954282&wfr=spider&for=pc.

三、中国文化创意产业园区的新形态

（一）基于动态联盟的文化创意产业园区

文化与创意产业旨在"跨越界限"创造新的助推点，促进各行业、领域的整合与协同，推动文化与经济的有机发展，进而促进创新的社会进步和机制改革。当前，随着知识经济、网络经济的到来，越来越多的文化创意产业园区开始从集聚企业、扩大规模、注重产能、强调 GDP 的"初级模式"，转变为打造平台、培育特色、持续增长的"中级模式"，再进一步提升到面向全球、跨界融合、协同创新的"高端模式"。实现这一"高端模式"，必须建立六方协同联盟，以政府为基础，创意企业、科研机构、中介组织为主要承担者，吸引媒体网络、创意人群积极参与，达到促进创意产业发展的目的，并形成一个集创意产品展示、创意成果推广、创意构思交流的信息网络平台，还要形成六方力量对话与互动的文化创意产业园区发展格局，如图 4-1-1 所示。

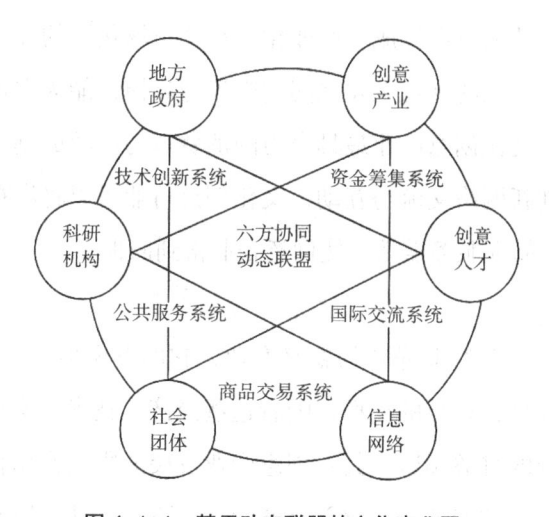

图 4-1-1 基于动态联盟的文化产业园

在基于动态联盟的文化创意产业园区中，各参与主体承担着不同的角色：

1. 入驻企业

入驻企业是创意活动的组织者和实施者，也是文化创意产业园区中最重要的活动主体。文化创意产业园区的成败取决于入驻的创意企业的数量和发展水平，文化创意产业园区的建设需要企业的参与。出色的创意企业可以借助文化创意产业园区提供的资源整合和创新平台，公平地获得政府的支持和扶持，更容易地寻找文化创意产业相关的合作伙伴，以更低的成本获得有偿创意成果和服务，也可以及时发布和获得供求信息，缩短创意成果和服务转化为创意产品的周期，以较低的交易成本，获得高额回报，从而在实现企业自身发展的同时，保障园区健康的运作和发展。就此而言，文创园创新平台的最大顾客和得益者便是入驻企业。

2. 创意人才

文化创意行业的发展离不开创意人才的不懈努力。文化创意产业发展的最重要的资源是人，是开放的、流动的、具有多元化视觉和创新思维的高级人才。这些创意人才通常遍布于许多部门或行业，包括从事科学和工程学、建筑与设计、教育、艺术、音乐和娱乐等工作的人们，也包括在商业、金融、法律、保健及相关领域的创造性专业人才。文化创意要形成产业，不但需要工艺设计师、创意策划人，还需擅长将其创意设计成"产业化"和"市场化"的经营管理人才和市场营销人才，这些多元化的创意人才之间的交流与碰撞，能为文化产业注入活力和动力。除此之外，文化创意产业最具潜力的消费者为广泛的创意人群。通过文化创意产业园区的创新网络交流与互动，文化创意行业可以将潜在需求转化为现实需求，拓展创意产品和服务需求，使创意企业得到回报。

3. 科研机构

创意产业是一个跨行业融合的新兴产业，它的发展离不开文化创意的碰撞、创新方法的推动和现代科技的支撑，随着这些经济、技术、文化、知识、信息等要素之间相互融合的日益频繁，其对创意产业发展的影响作用将更加明显，且呈现出主导性、决定性的特征。文化创意产业无所不在，几乎所有的科研机构都能牵涉到文化创意产业，而文化创意产业科研机构则是指那些专门从事相关学术研究并依托高校、科研院所等机构组建而成的机构，其浓厚的学术氛围，能够为创意企业带来强劲的创新动力。在文化创意产业园区创新平台上，科研机构可以利用信息网络展示自身的创意成果和人才优势，进而吸引更多企业、研发机构、中介机制参与合作，推动产、学、研融合发展。要利用有偿服务和合作经营等方式转化创新成果，回馈研究，实现成果持续发展。科研机构是文化创意园区创新平台的核心智力库。

4. 社会团体

社团是由自愿组织的公民组成的非营利性社会组织，其目的是实现社会成员共同的愿望，并按照规章制度开展相关活动，一般包括社会公益组织、文艺团体、宗教团体、行业协会等。对于文化创意产业园区来说，行业协会的角色更为重要。活跃的行业协会不仅能够运用其专业知识为社会提供公益性服务、维护园内企业的利益，还能够打通同行业、同类企业间的联系以及与外部联系的规则，制定行业标准，规范协调园区和企业的行业，同时整合园区与外部产业链和创新链，促进企业发展和园区内源性增长。

社会团体的职能主要包括提供公益性服务和服务特定利益群体等。这两项服务不仅有助于社会团体自身发展，还有助于团体参与提供公共文化服务。目前，许多社会团体通过参与文化创意产业会展等活动向社会推介文化创意产品。针对上述问题，我们可以通过开展行业基础调查，进而为政府和企业提供有价值的信息、建议等；同时，学术性及专业性社团也需关注创意产业的发展，促进学术研究成果转化为生产力，并通过培训提高创意人才的科研研发能力。需要指出的是，我国大部分创意产业园区的行业协会，还必须承担建立行业标准或园区技术质量标准，以技术监督、质量评定和价格协调等手段，规范市场、维护产业园区公平环境的职责。

5. 信息网络

信息网络是联结创新网络平台中各种资源要素的纽带，作为文化创意产业园区资源整合的载体，信息网络是主要的信息交流互动、创意成果展示和创意产品推介手段。借助现代信息技术建立的创新平台，我们可以实现技术创新、资金筹集、公共服务、商品交易和国际交流的多功能协同运行，促进不同行业领域的相互融合，进而实现不同创意产品功能之间的相互替代，使创意产业的隐含效应得以逐步释放。借助信息网络，政府可以强化政策宣传，引导园区市场化运作，加强知识产权保护，营造良好的园区发展环境，促进政府、企业、创意机构、社团组织和创意人群之间友好对话和协作。

（二）基于"实体+虚拟"的文化创意产业园区

基于"实体+虚拟"的文化创意产业园区就是在实体创意产业园区的基础上，借助先进的通信和网络技术，打造一个由"实体+虚拟"或"线下+线上"两个部分构成的立体化文化创意产业园区。其中的"实体"，或称为"线下"部分，是指园区内的各种实体机构，包括创意企业、地方政府、中介组织、园区管理委、创意人群及配套设施等，它们是园区创新的主体；"虚拟"部分，或称为"线上"部分，是指由支撑园区发展的各种要素构成的价值创新系统，它们之间相互关联、相互作用，可结成研发合作网、社会关系网、企业家的个人关系网，能通过创意产业园区文化和创意的投入，以及彼此之间的交互作用与协同创新，促使信息、知识、技术等在扩散过程中创造价值，进而带动区域经济空间的创新和价值增值体系的形成，因而它是园区实现经济高端融合的必要条件，如图4-1-2所示。

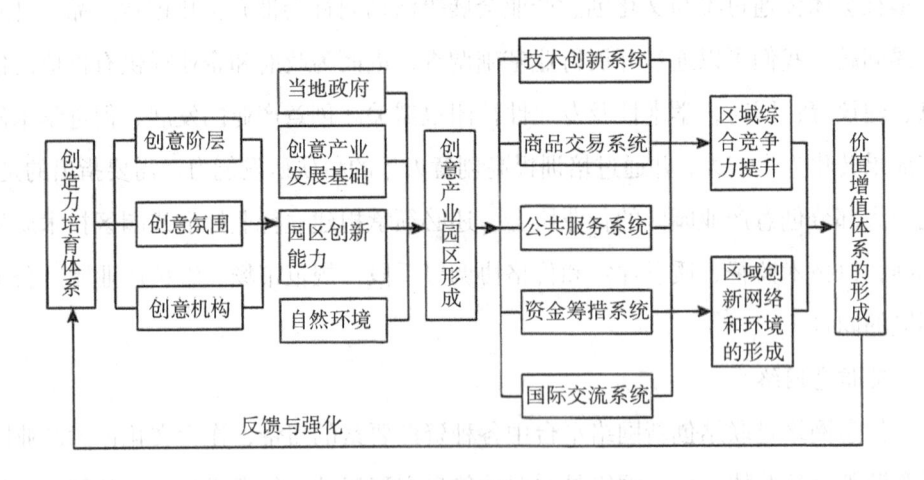

图4-1-2 创意产业园区的创新体系

1. 基于"虚拟"的文化创意产业园区

基于"虚拟"的文化创意产业园区，即线上文化创意产业园区，由以下几个系统构成：

（1）技术创新系统

技术创新系统支持创意企业建立产品研发与需求信息发布平台，可推动以企业为主的产学研结合，建立完善合作机制，实现风险共担利益共享，吸引高等学校、科研机构和创意人才共同参与，联合组建研发团队，联合开展科技攻关，加快创意创新成果转化，可鼓励企业、大学以及科研机构建立长期的合作关系，通过紧密交流与合作来促进创新知识的传递，特别是隐性知识转化到企业内部并实现其价值。只有建立良好的合作机制和氛围，大学和科研机构才能成为创意产业园区技术创新的重要来源。

（2）商品交易系统

商品交易系统负责建立创意产业园区发展资料库，收录国内外园区信息、产业发展数据库、产品研发资料库等，以创意产业园运营管理为实体，协助开展创意产品推广策划、消费者咨询等活动；利用文化创意产业营销平台，对外展示、交流、发布创意产品信息，实现创意商品网上交易。

（3）公共服务系统

为提高创意产业领域中介服务能力，公共服务系统可加强园区经纪、代理、评估、鉴定、推介、咨询、拍卖等服务，拓宽企业服务范围，创新服务模式，提高服务质量，为创意企业创造实际利益。为了提高创新积极性，政府应加强知识产权保护，建设适合创意产业园区发展的法制及市场环境，完善文化创意、资讯服务、经营辅导、创意媒介、人才媒介和创意产业交流与活动等系统。

（4）资金筹集系统

资金筹集系统的目的是实现金融资本与创意企业的有效对接，解决创意企业的融资问题。要通过建立政府、银行与创意企业之间的联席会议制度，宣传政府支持创意企业发展的政策，为创意企业与投融资机构提供政策辅导，向投资者推介、宣传、展示重点项目，实现项目对接，引导金融机构加大对创意产业的信贷投入，并通过中介机构积极吸引民间资金投资创意产业园区建设或介入创意产业领域。要优化产业投融资发展环境，向创新企业提供项目评估咨询、知识产权、展示交易、品牌构建、产学研一体化等综合服务，并通过服务众多行业企业及项目，带动区域经济的繁荣与发展。

（5）国际交流系统

从世界范围看，各国都认为开展文化创意产业是一个前瞻性战略，这不仅是必要的，而且在现实中也是可能的。就文化而言，城市是全球化的，而且全球化也应该成为城市文化弘扬的主要市场。建立国际交流平台，可加大与国内外更多地区和国家的创意产业机构建立联系的力度，加强与世界同行的交流沟通，加强居民对城市认同，提升知名度美誉度，促进跨城市文化创意交流发展。借助这一平台在推广园区的同时，要利用文化创意产业的产品和服务推动市场拓展，弘扬和展示本地或国家的文化特色。

2. 基于"实体"的线下文化创意产业园区

所谓线下的"实体"文化创意产业园区主要是指地理位置上的生产企业、物流中心、研发中心、展览中心和贸易中心等实体机构。建立基于"实体"的线下文化创意产业园区，必须具备以下条件：

①要建立强有力的法律法规政策体系及高效的协调机制，构建互惠、诚信、合作的社会网络，为文化资源发展提供良好的国际国内环境。

②要构建完善的商务服务体系，设置多语种翻译与交流平台，解决商务交流过程中不同语言之间的转换问题。

③为了建立完善的投融资系统、吸引有实力的文化创意产业基金和获得风险基金的支持，需要联系支持风险投资的各类投资机构，以及可提供诚信、高效、安全、优质服务的金融服务系统的技术支持。

④要确保科研院所和创意者整合最新技术成果足够方便，推进技术转让，促进研究成果向生产力转化。

⑤要打造宜人的居住环境和城市风貌，吸引创意人才。要提供充足的文化资源，强化知识产权保护，推崇文化标准和价值观。同时，要培养创意企业，完善产业链，构建新的产业群体。

⑥要建立线下的"实体"机构与线上的创新体系和数字交易平台之间的协调匹配机制，实现线上线下机构之间的有效沟通与立体化交易，实现文化创意产业园区有序运行。

文化创意产业园区是一个集地方政府、入园企业、社会团体、传媒网络、研究机构和创意人群等相关主体于一体的协同创新平台，园区整体运行效率及产业集聚速度的决定因素不仅在于资源要素，更在于这些要素的共同驱动下所带来的创新力。而这种创新力不仅包括技术、经济、文化和艺术方面的,还需要政府的积极推动和引导,进而在创意产业园区中激发出新的创意、形成新的业态,并由此对产业布局调整、区域空间功能转换产生积极影响,最终推动区域经济、社会和文化的协同发展。

四、中国文化创意产业园区发展的新路径

当前,文化创意正在以强劲的渗透力融入区域经济的各行各业,为各微观主体所充分利用。文化创意资源转化为文化资本,促进了区域经济增长方式转变,对区域经济发展产生了广泛而深刻的影响。基于动态联盟和网络技术的文化创意产业园区,分别从空间实体和网络创新体系两个方面,为文化创意产业园区内的产业融合发展提供了新路径。

(一)文化创意产业园区的产业融合路径

文化创意产业具有的高渗透性、高融合性及高增值性特征,决定了其不但难以与传统产业相分离,而且往往能够围绕由创意主导的核心产业,衍生出大量的支持产业和配套产业,并以价值链高端的形式嵌入这些传统产业之中。根据其嵌入方式不同,文化创意产业园区发展包括三种基本路径,分别是:产业链纵向融合路径、产业链横向融合路径和产业链复合融合路径。

1. 产业链纵向融合

从创意产业链纵向维度考察,文化创意产业园区的产业链包括创意产品和服务的研发、生产、运营、传播以及衍生产品的制作推广等活动,这实质是一个创造价值、价值供给、价值传播、价值反馈的生态链,这些活动之间紧密关联,形成了具有内在逻辑的价值链结构。所谓产业链的纵向融合,也即单一产业链的前向或后向融合发展,就是以创意龙头企业为依托,以利益为纽带,把创意产品的创作、生产、加工、销售等环节链接为一个整体,形成从创意源头到终端消费的完整供应链。产业链纵向融合是一个上下游联动、价值链不断延伸的过程。例如,一个创意不但可以形成小说或者漫画,也可以制作成影视节目或者DVD,还可以改编成动画游戏授权媒体播出,节目中的肖像权又可以授权其他产业使用,开发

衍生产品等。产业链纵向融合发展要体现"内容为王"的产业特质,在产业间分工协作的基础上做到价值扩散,既要注重"分工协作",又要强调"价值扩散"。"分工协作"要求每一个参与协作的企业具有很高的专业性,突出其核心技能和专长,以便提高产业链整体竞争优势;"价值扩散"就是选择价值、创造价值、传播价值的过程,通过激活产业链各个环节,构建一条不断增值的产业链,实现创意产业资源有效整合和良性发展。

2. 产业链横向融合

产业链横向融合,即园区内产业链中相同类型企业之间形成的融合发展。从产业构成看,文化创意产业一般包含影视传媒、数字出版、动漫游戏、文艺演出、广告会展等多个领域,它们可以构成不同的文化创意产业链。例如,电影、电视、网络等产业构成的影视传媒产业园,内容提供商、出版发行、数字化营销等构成的数字出版产业园,以及娱乐公园、旅游、餐饮、演出、住宿、艺术品销售等产业构成的文化旅游产业园区等。按照产业链横向融合发展,就是通过这些园区中产业链上相同企业的联合扩大企业规模,形成以创意为核心的价值链网络,并通过其内部形成的协同创新效应,提高企业的集中度,增加对市场价格的控制力,扩大市场影响力和竞争力,从而获得垄断利润,进而通过园区内产业链的协同效应形成的规模经济,推动文化创意产业园区的持续发展。

3. 产业链复合融合

文化创意园区的高效有序发展,离不开内容创意、设计规划、资源配套和网络信息等多个专业领域的支持,需要人才、技术、资本、管理、法律、产业配套及服务等附属机构的协同工作。以动漫产业为例,该产业要围绕园区的影视产业链,建立相应的人才培训、经纪、广告设计、衍生产品开发、国际影视贸易、律师事务所、会计事务所等机构,为该产业提供综合服务。产业链复合融合就是在空间和时间两个维度上,对园区内的所有资源进行深度挖掘与有效整合。在空间维度上,文化创意产业园区以创意为核心,可纵向整合各产业要素为一条产业链,同时也能横向穿透产业,加强产业间关联,使相关衍生产业、配套产业形成的产业链之间形式融合,从而实现内容资源的深度开发与价值增值;在时间维度上,文化创意产业园区以顾客需求为导向,使创意内容实时紧跟或引导消费需求,从而保持创意产品生产过程的时效性和动态适应性。这种产业链混合融合架构下的文化创意产业园区具有良好的融贯性和扩展性，是实现文化创意产业园区可持续发展的有效路径。

（二）文化创意产业园区的产业融合机理

文化创意产业具有覆盖经济、社会和文化等多个方面的全网络能力，它可通过与相关产业的高度融合，实现区域经济的整体发展。从文化创意产业本质属性及发展特征看，文化创意产业园区之所以能够实现产业之间的融合发展，其作用机理有两种表现形式。

第一，通过高端的价值链介入，文化创意产业能实现与其他产业的协同发展，从而推动整个产业链的繁荣。创意是一种创造性活动。一旦激发创意，由于其非竞争性和部分排他性等特点，便可轻松复制，从而达到成本节约的目的。文化创意是一个复杂而庞大的系统工程，涉及多个环节、多种要素和众多企业，需要投入巨大资金和人力进行生产经营管理。此外，文化创意已经渗透到信息和文化领域，如在互联网时代，文化创意企业将自身生产的产品或服务提供给用户，并借助网络平台进行营销推广。这些经济活动和行业，可通过源源不断的创新，吸纳新思维、新创意、独具匠心的设计和独特的文化元素，对传统产业链进行解构和重组，实现文化创意产业的高端化和价值链的高端化，从而推动传统产业的升级和提升。因此，在"一带一路"背景下，我国各地区可以充分利用其优势资源，积极构建基于互联网的创意产业集群式开发模式，并以此带动沿线城市及周边地区的经济社会发展。这一方法不仅能够有效地推进本地区及其他区域前后链产业的价值升级，同时也能够极大地促进区域内相关产业的蓬勃发展。例如，通过文化创意活动为传统产业提供潮流设计、工艺设计、建筑设计、广告商标及企业形象设计等服务，可提高这些产业核心竞争力。在国外，文化创意活动在时装、香水、葡萄酒业、建筑设计、工业设计和广告设计等行业已经形成一种产业化的模式。

第二，文化创意产业不仅能与其他相关产业融合，该产业还可独自运行并形成新的行业形态。文化创意产业制造过程实质相当于需求发现和创造，伴随科技进步不断演进。从产业属性看，它是一种开放式的竞争产业，不但可以融入其他产业领域，也可以脱离传统行业，成为一种独立的产业形式。根据人们的需求进行心理分析，文化创意产品具有时尚性、时效性和易逝性等共性。伴随社会分工与技术的不断进步，创新融合加速，文化创意的发展逐渐从原先某个产业或行业的附属活动中剥离出来，成为独立的第三方产业，致力于为其他行业提供文化创意服务。近些年来，传统文化创意产业，如广播电视、音乐、电影等行业，运用互联网、移动网等信息化手段，与平板电脑、智能手机等数字终端相结合，推动了新型创意产品的涌现，如数字出版、网络电视（IPTV）、数字电影、网络视频等。新型创意产品的快速发展也带动了相关企业的繁荣。与此同时，越来越多的用户、供应商和业余爱好者利用信息化手段参与创意产品的创作和生产，创造出形态各异的丰富产品，进而推动了产业生态的欣欣向荣，形成了不同的组织形态。在这个独特的产业形式中，文化创意资本可以被视为企业决定的内生变量，分为消费性资本和生产性资本两种形态。在政策宽松、技术雄厚的经济体系中，消费型文化创意资本的投入会导致产品价格大幅上涨。然而，固定成本较低的文化创意产业有助于企业提升经济利润。对于生产型文化创意资本来说，其最大的作用在于显著提高了企业生产效率，从而降低了生产成本。

（三）文化创意产业园区的产业融合效应

随着后工业时代的来临，许多国家把文化创意产业园区作为推动经济社会可持续发展的主要路径并加以实践，并取得了良好的经济社会效应。归纳起来，这种效应主要表现为新经济发展的引领、城市功能的提升、劳动力市场的培育、国际贸易的循环与流动等方面。

1. 新经济发展的引领效应

文化创意产业具有明显的地理黏性，文化创意产业园区的发展往往与特定的人群、地理空间以及生活背景密不可分，因此其在当地经济发展中的引导作用难以被其他区域所替代。文化创意产业的价值源于其知识性内容，其增值程度取决于园区关联产业的广度和深度，以及其对产业群形成的示范效应。文创产业对新经济的引领主要体现在两个方面：一是文化创意产业为传统产业升级、新经济技术的催生提供了具有较高价值的新业态。在传统产业或新兴产业业态中投入人的创造力和智慧，消化和吸收新技术、新方法，能够创造高附加值的产品和服务，推动相关产业的发展。二是新经济范畴在文化创意产业的推动下不断加大。创意产业是新兴经济体系之一，其领域新业态的不断涌现，为新经济发展带来了更加丰富的内涵和外延。

2.城市功能的提升效应

文化创意产业的发展使传统的三次产业相互合作，促进了产业融合与多样化发展，文化创意产业园区更是赋予了城市巨大的竞争优势。以城市创意园区中的研发中心为例，它可以利用园区的研发优势快速研制出新产品，然后利用城市的广告和营销公司等服务机构，组织产品生产与销售。与之相应，创意产业区的兴起还刺激了城市房地产、广告商、法律和咨询服务等生产性服务业的增长，致使城市产业呈现出了多元化的发展形态，建立了大都市多样化产业结构，形成了城市的新产业空间。这种由创意产业区生产所形成的新产业空间对城市经济空间及城市功能的提升具有重大意义。

3.劳动力市场的培育效应

文化创意产业园区内的发展，既需要一批优秀的创意专业人才，也需要大量从事经营、管理、咨询、广告、信息服务等相关人员。国外实践证明，世界创意产业从业者已占到总就业量的2%~8%，文化创意产业已经成为解决社会就业问题的有效途径。在英国，创意产业就业人数稳定上升，尤其是在音乐、出版和设计等领域优势显著。而在美国，创意产业就业人数占总就业人数的2.5%，主要分布在艺术与出版等领域。

4.国际贸易的循环与流动效应

随着全球化的进一步加剧，以及各国文化创意产业园区的发展，企业之间、区域之间创意产品与服务的流通将被超越，全球范围内的文化创意产品和服务的进出口贸易活动将成为主流。创意产品及服务在不同国家与区域间的贸易流动是文化、经济及技术等复杂要素相互作用的结果。创意产业的发展不但有助于全球国际贸易的发展，对于世界文化繁荣也具有巨大的促进作用。特别是在一些创意产业的关键领域，例如，音乐、电影、电影录音广播、表演艺术等方面，贸易内容的数字化趋势，推动了相关产业迅速发展，这说明文化创意产业在国际贸易中扮演着至关重要的角色。

第二节　文化创意产业集聚的发展新策略

21世纪的竞争不但是经济的竞争，还是文化的竞争。文化创意产业不仅要从经济管理的角度加以研究，还要从国家文化安全与文化发展的战略高度给予重视。当前，世界经济的高速增长逐渐退潮，政治、经济和社会领域的结构性问题浮出水面。调整、治理、创新和改革几乎成为世界各国关注的重要议题。文化创意产业作为生产价值链中的重要环节，对于国家、地区与城市的经济社会发展具有颠覆性影响，发展文化创意产业已经成为世界各国经济发展的战略选择。面对当前文化全球化挑战和数字经济的社会大背景，中国文化创意产业发展已经到了战略转型的关键阶段。政策、行政、基础设施三要素驱动下的文化创意产业园区已暴露出许多问题，多主体、多元化、多要素驱动下的文化创意产业园区建设与发展模式将成为主流。面对国际文化战略的博弈，中国正在面临着文化创意产业发展的难得的战略机遇期，我们应当站在国家文化治理的高度，准确把握国际文化创意产业发展态势，探索中国文化创意产业园区的战略设计与路径安排。

一、基于竞争性与互补性的创意产业优先发展领域

我国各地的文化创意产业呈现出多元融合的发展趋势，彼此之间存在着共同的文化渊源，同时又具互补性，文化形态丰富多样，但也有更多相同的文化基因，具有经济、信息、技术、人才等资源共享的空间，已经具备了打造一个充满活力以及创意的文化产业园区发展新模式的相关条件。随着国家对文化产业扶持力度的不断加大和文化产业政策体系逐步完善，我国文化创意产业得到了快速发展。在现今我国文化创意产业园区发展不平衡的格局下，应该借助不同的方式和手段努力实现由规模、粗放式发展，向强调质量、集约化转型，以适应时代的需求。在这一过程中，政府要积极发挥主导作用，并通过政策引导、资金扶持等方式为园区提供必要支持。具体而言，就是从园区实际情况出发，依据地方文化、科技、教育、经济等资源优势及产业发展基础，对现有产业进行整理、优化、升级，以

文化创意产业特性为根本，确立文化产业园区的核心主导产业，在将文化内涵重点强调的同时，进一步突出核心业务与特色，以主导产业为核心构建完整的产业链经济，并通过园区间的产业链接、资源整合、市场分工，建构一种全新的文化创意产业格局，实现省域资源的共享和梯次发展目标。在"互联网+"背景下，依托区域优势和资源禀赋，通过对传统文化元素的提炼与创新，实现区域内文化产品的跨地域传播及产业化运营，形成具有地方特色的文创产业园区。文化产业园区的产业结构升级已经成为园区产业经济发展的一种必然趋势，具备全新的特征，有着园区的发展潜力。要挖掘区域文化的共通之处，通过园区间的产业链接、资源整合、市场分工，构建省域间资源共享、梯次发展的文化创意产业新格局。

东部省份的园区需要继续依托强大的经济实力和高素质、高水平的优秀人才与技术优势以及蓬勃发展的文化产品与文化要素市场，真正走向高端创意产业的发展之路。要以文化创意为引领，促进文化和科技的深度融合，聚焦于新兴的文化创意产业，如动漫游戏、数字媒体等，这些产业具有较高的成长性和产业渗透力，同时附加值也较高。在中部地区，应当将制造业与科教方面的领先优势充分发挥出来，进一步加强对园区优秀人才、先进技术等资源的投入，积极建设以资源为具体导向的文化创意产业园区，努力推动和促进广播影视、文化艺术等文化业态的全面发展，同时要努力开发、融合文化价值和经济价值的创意产品，以便真正实现文化资源增值的目的。西部地区虽然拥有十分丰富的文化遗产与大量的自然资源，但由于经济发展和中东部地区相比较为滞后，市场经济的活跃力度不足，其市场的调节机制无法将自主作用淋漓尽致地发挥出来。所以，要采取政府主导型的文化创意产业发展路径，借助不同的优惠政策，如税收、人才等，将大量有实力的文创企业吸引过来并成功入驻园区，努力开发具有地方特色的文化创意产业产品与项目。值得一提的是，应该充分利用丝绸之路经济带的发展契机，一方面将具有浓郁地方特色的文化旅游产品与产业展现出来，另一方面将文化创意产业园区的新型业态展现出来。

二、基于资源投入与科技创新的创意产业驱动发展战略

文化创意产业的繁荣发展离不开文化资源的支撑和保障，文化资源具有无形

性、传承性、稳定性、共享性、持久性等特征，对文化创意产业发展起着方向性与支撑性作用。文化创意产业是文化创意与科技创新融合发展的产物，文化创意赋予了文化及相关产业产品鲜明的文化个性和高端的文化品质，科技创新推动着文化产品的生产创新和消费形态多元化。笔者认为：各地应结合自身资源优势，选择适合自身实际的文化创意产业园区发展策略。对于规模效率低、规模报酬处于递减阶段的经济发达省市，如浙江、广东、北京、上海等，应重点通过技术创新等手段，提高资源要素的利用水平和创新效率；对于规模效率较高，而技术效率较低的省市，如重庆、安徽、福建、陕西、四川、湖北、湖南等，应当在适度增加要素投入规模的同时，重视提高资源要素的技术效率，尤其要借助文化创意产业发达地区在技术与人才方面的辐射效应，全面提升资源要素的技术效率；对海南、广西等规模效益较低，但规模报酬呈递增趋势的省市，因为文化创意产业所需的资源要素数量仍有需求潜力，所以在短时间内，增加要素投入的规模，可以进一步提高规模的效率，从而使总体效率得到相应的提高。

三、基于产业链不同融合方式的创意产业园区升级路径

文化创意产业不仅创造了产品价值，更为重要的是它创造了以文化、内容为核心的观念价值，满足公民文化消费需求的同时，提升了公民的综合素养。21世纪，消费主义已成为人们消费的主体观念，娱乐性、休闲性、消遣性和益智性文化需求已成为主流，促使跨产业和领域融合的文化新业态不断涌现，文化与经济、技术之间、各种新媒体之间的跨界与融合不断加剧，国际的文化交流与合作日益频繁。为此，各地文化创意产业园区要把握世界文化消费趋势，找准自己的产业定位，结合自己的优势，选择不同的产业链融合方式。对于综合性的文化创意产业园区，要实施产业链纵向融合或产业链复合融合，以园区内的龙头创意企业为依托，鼓励企业整合创意、研发、生产及营销等上下游环节，打造和延伸文化新业态产业链；对于专业性的文化创意产业园区，要支持文创企业集团化发展，采用产业链横向融合的方式，选择与其他产业链相关的优势文创园区建立战略联盟，提高企业集约化程度和规模经营能力，实现创意创新资源的综合开发、互通互享，

联合打造文化新业态区域品牌。只有通过不同方式的产业深度融合，文化创意的价值才能真正得到体现与挖掘，也才能真正渗透到区域经济的各领域和各行业，由此带动区域经济全面发展。

四、基于多方协同的创意产业园区战略联盟

文化创意产业园区是一个市场选择的过程，这种园区由于地理空间上的制约，必然会受到地域分割、传统格局、资源配置、利润预期等条件的限制，存在一定的风险和不确定性，很难达到理想的要素构建和产业配置。构建基于文化创意产业园区运行新机制，是实现园区内各种资源要素动态联盟、实现对文化消费需求及时高效响应的有效途径，这种新机制体现在两个方面：第一，从参与主体上要建立地方政府、创意企业、科研机构、中介组织、媒体网络、创意人群六方协同发展的动态联盟新机制，要依托政府，整合现有文化创意产业参与各方的资源，以政府、企业学术研究机构和传媒网络为主体并通过传媒网络这个信息化社会的载体，搭建文化创意产业集群资源整合新平台，借以实现资源优化配置。第二，从实现手段上要借助现代信息技术、网络技术、数字化技术的优势，构建基于互联网的文化创意产业园区，并通过"线上"文化创意产业公共服务系统，实现对"线下"文化创意产业园区各参与主体的全方位服务。其中"线上"的"虚拟"文化创意产业园区，要建立技术创新系统、商品交易系统、公共服务系统、资金筹集系统、国际交流系统等服务功能，为地理空间的实体型企业提供线上服务，甚至移动网络服务。"线下"的生产、贸易、物流、会展等各实体中心，要充分利用园区提供的"线上"公共服务，定期组织交易活动，完善投融资系统，建立良好的文化氛围和舒适的生活配套区域。要通过两种园区形态空间实体和网络创新体系两方面的协同，实现对入园企业的全方位、高效服务。

五、基于多方参与的创意产业园区生态环境

基于中国经济发展态势，大力发展文化创意产业已成为各界共识，建立和完善文化创意产业园区生态环境，是推动文化创意产业协调发展的重要保证。构建

园区生态环境，离不开政府、园区、企业三方的共同努力。从政府角度看，应当高度重视和强调创意产业的技术和创新政策，完善并优化园区发展的政策法规，为创意产业提供必要的公共产品和服务，包括但不限于税率调整、城市公共交通等多个方面。站在园区运营方的层面来看，一是必须实现由引进文化企业向引入总部经济的转型，以更好地培育企业产业链与成长链，从而真正促进创意思想、创意作品和创意产品的有机联动，推动园区的全面发展；二是要积极构建以信息、技术等公共服务为核心的市场化运作体系，以促进企业的发展，进而发展经纪机构、代理机构、咨询服务机构等中介组织和行业协会；三要建立严格的创意设计保护机制，保护文化创意企业原创的积极性；四要完善金融机构入驻的配套政策，实现资本与文创园区金融需求的对接，特别要积极推广第三方支付、P2P 网络信贷、众筹融资、互联网理财等新兴融资模式，帮助企业解决融资问题。从入园企业角度看，要根据自身特点，善于利用政府与园区给予的激励和支持政策和条件，积极开展内容创作、科技研发、生产经营、品牌推广等活动，向社会提供更多能够满足人们文化消费需求的创意精品，在追求自身利益的同时，最终实现园区、社会的多方共赢，促使经济社会的良性永续发展。

六、基于中国特色的创意产业国际化战略转型

世界典型创意产业园区的案例研究表明，西方文化创意产业园区的建设发展经验对于我们有一定的借鉴意义。但我们也应该注意到，在将国外经验作为我国发展文化创意产业参照的同时，国外的一些文化体制和文化制度的理论主张和安排模式，并不适合于我国文化创意产业的制度设计。针对面向当前世界文化新秩序和文化战略的博弈，我们在制定中国文化创意产业的战略目标和战略定位这一重大问题时，一方面要调整文化创意产业发展思路，高度重视国外文化产品背后所蕴藏的整体性和国际文化战略竞争的制度性挑战，要基于当前中国文化创意产业园区的发展实际和竞争优势，挖掘、汲取、借鉴、共享世界文化发展先进经验和优质资源，创新文化创意产业的发展路径与模式。另一方面，要加快中国文化从"走出去"向国际化运营的战略转型，进一步深化中国文化创意产业园区的

战略目标和价值取向，主动融入全球文化市场的竞争，在积极参与新一轮国际文化创意产业分工体系的进程中，要制定中国文化创意产业嵌入全球价值链的战略力量、发展路径和竞争形态，建立起国际文化市场规则的中国标准和文化创意产业发展的中国经验，并成为国际文化制度和文化标准的制定者、新文化潮流的引领者、国际文化秩序重构的参与者，以及人类新文明形态的缔造者，不断提高我国文化创意产业的国际竞争力，逐步树立起中国文化的话语权和大国地位。在推动中国文化创意产业全面发展、全体民众文化生活水平不断提高、中国文化软实力稳步提升的基础上，要把中国早日建成"文化强国"，从而推动人类社会文明、和谐、持续的发展。

第六章　数字经济下智慧城市与文化创意产业集聚

本章主要内容为数字经济下智慧城市与文化创意产业集聚，共分为两个方面进行介绍，首先介绍了智慧城市对文化创意产业发展的影响，其次对数字经济下智慧城市文化创意产业研究进行了详细阐述。

第一节　智慧城市对文化创意产业发展的影响

　　数字经济正处于强势崛起的时代，伴随着产业互联网的快速发展，各行各业都融入了数字化、智慧化的进程，数字经济一度成为未来经济发展的主要动力，更是各行各业、各个国家关注的重要的话题。作为国家社会进步的缩影，当前方兴未艾的智慧城市建设正是国家发展数字经济的重要载体。将数字经济与实体产业相结合，能够充分实现数字化经济的快速成长。由此可见，数字经济赋予了智慧城市建设重要的推动作用。

　　数字化经济在智慧城市建设中的有效应用，有助于充实数据信息的需求，优化和完善数据采集的方式，使信息质量得到较大幅度的提升，从而满足智慧城市信息交流的不同需求。要积极构建数据的价值体系，优化和完善产业的发展模式，把高品质的服务内容和先进的技术，以一种巧妙的方式有机地融合到城市的生产和生活之中，推动和促进数字化的有效治理，这是城市发展的高端目标，更是建设智慧城市的重中之重。在此基础上，要通过完善相关法律法规和政策体系、加大行业监管力度，提升信息化水平等措施来进一步推动数字城市向更高层次迈进。要借助数字经济的强有力支撑，结合市场动态的综合规划，使智慧城市的整体适应性得到有效提升，从某种程度来说，这对于智慧城市后期的可持续、健康发展具有不可忽视的推动作用，同时对城市晚期经济的发展具有重要的意义。

　　党的二十大报告中，明确提出了我国未来五年发展的主要目标和任务，其中经济高质量发展的新突破被列为首要任务。想要真正实现这一宏伟蓝图，必须坚持质量第一和效益优先，加快推进供给侧结构性改革，着力提高全要素生产率；要加快转变经济发展方式，着力提高供给体系质量和效率，为经济社会持续健康协调发展提供有力支撑。与此同时，必须深刻领会党的二十大精神，全面领会其历史脉络、科学内涵、重大意义和实践要求，全力以赴、真抓实干，用崭新的面貌和新的发展模式，努力推动和促进我国经济高质量发展迈向新的高峰。在我国，智慧城市已经历了多年的发展历程，它不仅是优化城市治理的关键手段，同时也是实现城市经济转型的关键基础和支撑。为了实现"高质量发展"的要求,智慧城市需要不断创新理论体系与模式。

一、智慧城市对文化创意产业的要求

智慧城市是由多个垂直领域的智能系统相互协作构成的、经过不断地优化和整合,最终形成的一个高度智能化的系统整体。由于互联网的普及,以及移动互联、物联网等新兴信息技术在各行业领域的广泛应用,智慧城市将对各行业产生巨大深远的影响。由此,智慧城市致力于促进传统信息服务业的升级和发展,以服务金融、电信等为目标客户,推动各个纵向行业解决方案不断创新。随着云计算等技术的持续创新与广泛应用,底层技术已不再是企业发展的门槛,而是以客户体验为基础的应用创新,并且是推动企业发展的核心动力,同时以客户为中心的应用软件,也会成为未来软件企业竞争的"制高点"。

智慧城市的构建离不开全面的数据支持,数字经济的发展需要在上游数据发现、中游数据处理到下游数据分析的整条产业链当中,积极构建原貌数据、数据湖等多个环节,以产生数据资源、持有权等分支产品,从而真正实现海量数据信息的"熵减",也能对数据价值进行深层次挖掘,并实现结构化。数字经济是智慧城市的重要基础和支撑力量,它通过对各类生产要素进行有效配置与集成,可形成一个完整的价值链体系。在建设智慧城市的期间,充分完备的数据可以为决策提供有力支持,同时能持续协调集成系统,使可靠性和兼容性得到有效的切实提升,从而进一步提升数字治理的水平。在大数据时代下,智慧城市与数字经济融合发展是大势所趋。数字经济在智慧城市建设发展的整个过程中,以其技术优势为基础支撑,在将数字化转型的具体形态展现出来的同时,不仅大幅度提升了城市的智能水平,也为其创新发展提供了推动力。

无论是智慧城市的兴建,还是其具体运营,与城市各个主体、领域均有不可分割的紧密联系,需要建立完善的上下游产业链,以实现协同效应的最大化。目前,智慧城市已成为我国各地政府推进"四化"发展战略的重要抓手之一,并逐步向更深层次迈进。例如,为智慧城市提供便捷物流体系的供应链、为智慧城市项目提供租赁和创投等资金服务的金融等,它们共同构成了智慧城市产业。

智慧城市作为一种全新的经济发展模式，不仅能够提升政府的管理水平，还可以实现资源优化配置，提高城市运行效率。建设智慧城市的基础设施，将促进传统信息技术企业和互联网、电信运营商等多方之间的协作，共同为城市通信和信息基础设施建设提供一系列的服务，从而最终形成相互融合的产业链与生态系统，如图6-1-1所示。

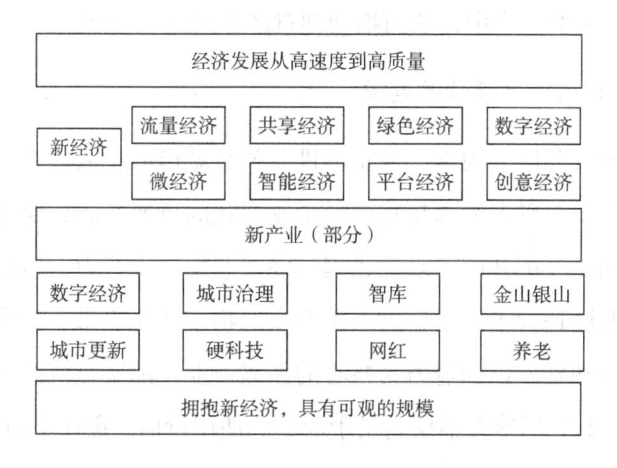

```
         经济发展从高速度到高质量
    ┌────┬─────┬─────┬─────┬─────┐
    │新经济│流量经济│共享经济│绿色经济│数字经济│
    │    ├─────┼─────┼─────┼─────┤
    │    │微经济│智能经济│平台经济│创意经济│
    └────┴─────┴─────┴─────┴─────┘
              新产业（部分）
    ┌─────┬─────┬─────┬─────┐
    │数字经济│城市治理│ 智库 │金山银山│
    ├─────┼─────┼─────┼─────┤
    │城市更新│硬科技│ 网红 │ 养老 │
    └─────┴─────┴─────┴─────┘
         拥抱新经济，具有可观的规模
```

图6-1-1　新经济及其衍生的新产业

智慧城市建设是实现联合国千年目标的重要支柱，无论发达国家还是发展中国家都应将智慧城市建设作为新时代的发展机遇。我国当前正处在工业化和城镇化快速发展阶段，经济高质量发展对智慧城市建设有更高的期待。

智慧城市建设涉及城市的方方面面和各行各业，需要跨学科技术集成和跨行业协作，还有赖于全民的参与。智慧城市需要重视历史传承，还要善于谋划未来，要经得起时间的考验。智慧城市建设覆盖的广度与深度是城镇化发展中前所未有的复杂大系统，在顶层设计的过程当中，必须以系统工程的理念为具体指导，同时注重规划、建设和管理的有机结合。站在创意文化产业的层面来看，智慧城市的概念，实际上重新勾勒出了一个全新的世界形象，能促进文化和科技的深度融合和共同发展。在这个意义上说，智慧城市的出现不仅是一次伟大的创新，更是一个划时代的革命。文化创意产业的未来发展方向在于深度融合文化与科技，敏锐地把握这股潮流和趋势，不断提升传统行业的改造水平，积极探索新的文化样式与领域，从而为智慧城市发展带来倍增的文化红利。

智慧城市的文化创意产业发展，需要在传统行业中注入数字化信息要素，以优化产业结构，促进广播影视、出版印刷等行业向数字化的成功转型，从而实现全面升级。一方面，这可以促进数字内容和服务的产业化经营，实现数字媒体资源与传统媒介资源融合，从而为创意产业提供更为丰富的传播平台；另一方面，信息资本的运用可以促进创意产业的蓬勃发展，将创意元素有机地融入人们的日常生活和物质产品的生产中，从而推动创意产业的蓬勃发展。

（一）基于以人为本理念的要求

建设智慧城市要以人为本、务实推进。智慧城市的发展以人为核心，围绕人构建智慧城市生态。以人为本是我国科学发展观的重要核心，要将以人为本作为万事万物的开端。改革开放以来，我国始终强调发展生产力，但是归根结底，生产力和经济的发展是为了满足广大人民群众的物质文化需求。文化创意产业是一种以文化资源为基础、以创造力为核心的新兴产业。随着经济的不断发展，人们生活水平日益提高，消费者不仅满足于商品的使用价值，更在乎商品的文化价值、观念价值，这给文化创意产业带来了机遇。在我国大力建设智慧城市的过程中，文化创意产业建设以人为本的内涵包括如下方面：

1. 以反映人民群众的真实情感为本

文艺工作者想要有所成就，就理应与人民共命运、同呼吸。对于文化创意产业来说，群众就是其寻找创造力的最宝贵资源，应贴近群众的真实生活，反映其最真实的感情。文化创意产品或者服务，从确定创意理念开始到创造出产品或服务，都应考虑群众的需要、情感，切实站在群众的立场，将以人为本的理念融入文化创意产品或服务中。因为能够满足消费者真正需要、得到消费者文化认同的产品才可以引起共鸣，才能拓宽产品市场，找到启动内需的切入点。

根据上述要求，有关部门可从重视人才培养、加强版权保护等方面采取措施，建设以人为本的文化创意产业。我国文化创意产业起步相对于发达国家来说比较晚，创意人才比较稀缺，为加快文化创意产业发展，我国的首要任务就是培养一批富有创新精神的创意人才。知识产权是文化创意产业的重要核心，文化创意产业相对于传统文化产业来说风险更高，要形成一种尊重知识产权和创新成果的社会文化氛围。

2. 以继承传统文化、创造文化为本

中华优秀的传统文化是我国民族精神的命脉，继承发扬我国优秀传统文化是公民应有的责任。任何一种文化创意活动都是在一定文化背景下进行的，创意是依靠人的灵感与想象力，借助科技对传统文化的再提升。

国外都在借助中国文化发展经济，这也提醒我们需要把握好自有传统文化的资源。文化产品可借助文化提升其价值，文化创意产业也是推动传统文化发展的动力。文化创意产业是继承发扬传统文化的重要渠道，要将中国元素融合进文化创意产品之中，锻造出既有本土文化特色，又能得到消费者认同的产品。此种模式不仅能促进文化创意产业的发展，同时也能使传统文化得到继承和升华。

（二）基于可持续发展理念的要求

可持续性发展的广泛性定义指既满足当代人的需求，又不对后代满足其需求的能力构成危害的发展，包括经济、生态、社会三方面可持续发展[1]。从英国首先兴起并完成工业革命开始，手工生产开始大量过渡到机器生产，一味追逐利润造成了环境污染问题，并影响了经济的可持续发展，这是不可持续发展问题的产生阶段。

20世纪初，是不可持续发展问题的积累阶段，蒸汽时代进入电气时代，各资本主义国家生产规模越来越大，破坏也越来越严重，牵扯到的人口、资源、环境问题都越来越多。20世纪初以后是经济不可持续发展问题最为突出的时期，人们逐渐意识到要将经济、社会、环境结合起来考虑才能谋求人类社会的可持续发展。随着经济不断发展，无论是在国家宏观层面，还是在个人思想意识层面，人们的可持续意识在不断增强。

智慧城市是一座创新之城，旨在实现可持续发展，因此必须将当前的利益与未来的利益相互融合，以实现人类和自然的和谐共生。在这一背景下，智慧城市建设需要以绿色环保为前提、以信息科技为手段、以智能应用为核心、以社会民生服务为目标。要把城市作为一个系统来看待，要在这个系统中建立起相应的支撑体系，唯有如此才能使其发挥更大的作用。数字经济的循环模式和可持续发展

---

[1] 刘学文．中国文化创意产业园可持续设计研究[D]．长春：东北师范大学，2015．

的理念相得益彰，可形成一种相互促进、相互支持的经济生态系统。基于大数据分析技术构建城市运行监测体系，利用物联网技术进行信息的采集、传输等，同时对海量数据进行深度分析，能有效提高政府管理水平，提升公众满意度。借助互联网先进模式，城市管理部件的感知能力可得到显著提升，这些感知数据经过一系列分析、处理以及整合之后，不仅可成为城市治理决策的强有力支撑，也可成为验证效果和不断优化改善的关键依据。因此，智慧城市建设应建立一个基于云计算的大数据系统来提升管理效率，并形成统一高效的运营管理模式，从而提高资源利用率及降低环境污染程度。随着大数据技术的发展，智慧化、网络化将成为城市建设的发展趋势。在5G时代，城市能够通过深度应用信息技术于智慧环保、智慧能源监测等多个领域，以进一步优化和完善生态环境改善度、环境监测防控能力等多个方面。

在我国制定了一系列重大政策、措施并且取得了成效。2003年，我国提出要牢固树立协调发展、全面发展、可持续发展的科学发展观。同年，我国制定了《中国21世纪初可持续发展行动纲要》，提出了推进可持续发展的具体措施，按照"在发展中调整、在调整中发展"的动态调整原则全方位推动经济调整，初步形成了资源消耗低、环境污染小的可持续发展国民经济体系。

我国要用可持续发展的理念推动文化产业的发展，应该保护好文化资源，必须考虑后代的需要。文化产业必须与政治、经济、文化、社会、生态等方面协调发展，坚持公平、可持续、系统、和谐、创新以及对外开放的原则。要完善我国文化创意产业相关法律体系，为文化创意产业发展提供保障。并且，要培育多元投资主体，大力支持文化创意产业发展，提高我国的文化贸易竞争力，进而在国际市场中输出品质足够高、数量足够多的文化产品，以此保证我国的民族文化可持续地向前发展。

二、智慧城市背景下文化创意产业的发展趋势

（一）文化创意产业集聚发展

智慧城市建设可以为文化创意产业的发展创造良好的外部环境，这有利于资

源整合，可以促进文化创意产业的集聚发展，做成文化创意产业集群。数字产业集群，是由数字产业相关企业主体和机构组成的具有较强核心竞争力的企业集群。文化产业集群是指在文化创意产业及相关领域，由许多相互独立又相互联系的企业根据专业分工或者相互协作，在一定区域内积聚而成的产业组织。文化产业集群包括产业链上的所有上下游企业。从全球范围看，由于各国地理位置、发展条件、文化背景的不同，各国政府在文化创意产业发展中的引领方式不同，因而各国文化创意产业集群的集聚方式有所差异，形成了不同类型的文化创意集群。

1.依据文化创意产业集群形成原因分类

按照文化创意产业集群形成的原因，可以将文化创意产业集群分为文化式集群和区位式集群两类：

（1）文化式集群

文化式集群是指文化创意产业集聚发展的动力来源于相同的文化背景、发展理念或环境制度的集群。此类文化创意产业集群的优点在于集群内参与主体归属感强，参与主体之间更容易产生信任，更利于信息集聚、共享，更利于文化创意产品的创作和交易。据学者张敏的研究，文化趋于相同或者类似是产业集聚发展的动力条件之一，也是集群稳定发展的黏合剂，对于文化创意产业来说更是如此。

从全世界主要的文化创意产业集群来看，美国SOHO艺术创意集群便是文化式创意集群。在20世纪60年代，SOHO集群的原址还是破败不堪的闲置厂房，因房租十分便宜而成为一些艺术家的创作工作室。艺术趣味和美学审视相似的艺术家逐渐集聚起来，呈现出群落发展趋势，艺术集群逐渐形成，诞生出了许多美国当代的艺术大师。在美国SOHO创意集群发展的巅峰时期，在面积及人口不足纽约1%的地方居住着纽约当代30%的艺术家，其集群优势不言而喻。

（2）区位式集群

区位式集群是指文化创意产业集聚发展的动力源于特定的地理位置，或者是靠近某个特殊的创意群体，或者是靠近目标消费群体和交易市场的集群。从此类集群的发展趋势看，偶然地集中于某个特定的地理区位，促进了相关文化创意产业集群的形成和发展。

从全世界的文化创意集群来看，美国百老汇戏剧创意集群就是区位式集群，百老汇创意集群位于曼哈顿岛中心地带，有 38 个营利性剧场，主要集中在纽约第五大道至第七大道以及第四十二街至四十七街的繁华商业区内，在这些营利性剧场周边还分布着上百家非营利性剧场。集聚于此地的戏剧创意集群，受到纽约最繁华的闹市区域影响，其市场前景好、发展空间大。百老汇创意集群集聚了较多的剧作家和艺术家，同时也集聚了上千家的各类专业公司为其提供配套服务。此集群的参与主体分工明确、结构紧密、竞争与合作并存。

2. 依据文化创意集群结构分类

按照文化创意集群的结构，可将文化创意产业集群划分成轮轴式集群和大饼式集群两类：

（1）轮轴式集群

在多层次文化创意产业集群当中，上游企业和下游企业间存在着一种投入产出联系，这种联系涉及材料供应、产品生产等多个方面，这种联系被称为轮轴式集群。在影视行业中，文化创意产业集群的上游企业和下游企业间存在一种相互依存的关系，类似于车轮和车轴相互咬合、共同前行，这种现象非常普遍。随着中央电视台和北京电视台进驻 CBD（Central Business District，中央商务区），动漫公司、广告代理公司等数千家和影视制作相关的企业涌入其中，逐渐形成了一个以影视和传媒服务为特色的创意产业链条，并且经过不断地发展最终形成轮轴式文化创意产业集群。

（2）大饼式集群

大规模生产同类或者类似产品的企业汇聚在一起，形成了一种被称为大饼式集群的企业群体。大饼式文化创新集群具有明显的"小且全"和"大集中"的特征。相较于轮轴式文化创意产业集群的企业互补关系，大饼式文化创意集群中的企业之间存在一种替代的关系。大饼式文化创意集群的显著特征在于，各企业所生产或者经营的产品类型基本相同，同时所面对的消费群体也存在重叠之处，因此为了避免和降低出现同质化竞争，各企业应该尽可能提供具有差异化的产品与服务。此外，由于大饼式文化产业集聚区具有较强的辐射带动作用，它能够促进其他相关区域经济发展。例如，百老汇产业集群内部结构为大饼式集群，百余家大小不一的戏剧院遍布其中，许多优秀的艺术家和剧作家云集于此，他们在互相讨论艺术创作的过程当中也有竞争关系。

综合各类型文化创意产业集群来看，文化创意产业集群具有鲜明的地域特征，其发展源泉具有区位性和根植性，发展过程具有关联性和科技性，创造的结果具有创新性和风险性。

（二）文化创意产业关联发展

在所有经济活动过程中，每个产业都需要其他的产业的协作，都要以其他产业的产出作为自己的要素供给；同时又要把自己的产出提供给其他产业，作为其他产业的要素供给。这种产业之间的投入产出关系保证了各个企业的生存，产业关联实际上就是各个产业之间的供给、需求关系。产业关联理论即里昂惕夫（Leontief）创立的投入产出理论，该理论主要被用于研究产业之间的投出和产出的技术经济关系。投入产出理论是在魁奈（Quesnay）、马克思、瓦尔拉斯（Walras）等人的理论基础上建立的。

文化创意产业也不例外，它与其他产业的发展存在着广泛又复杂的技术经济联系：一方面，文化创意产业依靠某些产业为自己提供资源；另一方面，文化创意产业也支撑着其他产业发展。由于文化创意产业有极强的渗透性，它可以促进各类技术资源、文化资源、商业资源等要素的流动重组，纵向、横向都可以渗透，产业关联度较大。

产业之间的关联方式主要有三类：前向关联、后向关联、环向关联。文化创意产业前向关联是指文化创意产业作为供给方，通过向其他产业提供自己的产出而产生的关联关系；文化创意产业后向关联是指文化创意产业作为需求方，从其他产业获得投入而产生的关联关系；文化创意产业环向关联是指在经济活动中，文化创意产业与上游、下游形成了产业链，产业链通过技术经济联系形成一个环，这种环状的产业关联称为环向关联关系。

文化创意产业大致依靠以下三类方式与其他产业关联发展：

（1）文化创意产业通过投入产出关系与其他产业关联发展

里昂惕夫（美籍俄裔经济学家）提出用投入产出分析方法研究产业的关联效应，投入产出模型可以分为多种类型，静态价值型投入产出模型是最基本的投入产出模型,是其他类型应用的基础,也是其他投入产出模型成立的前提。

文化创意产业作为一种新兴产业,以相关产业之间的投出、产出为基础,与其他产业存在广泛且密切的技术经济联系。一方面,文化创意产业依靠其他相关产业提供的资源实现自身发展;另一方面,文化创意产业又以自己的产出为其他产业提供资源,支撑其他产业发展。文化创意产业在某种程度上通过投入产出关系与其他产业发生关联,如文化创意产业与农业结合起来可以衍生出休闲农业、观光农业等许多不同类型。文化创意产业可从农业中得到生产要素,同时农业也可将文化和创意融入其中,由此拓展农业功能,促进农业发展。使用投入产出表中的文化创意产业数据与其他产业数据,便可计算出文化创意产业与其他产业之间关联度的高低,关联度高表明文化创意产业对其他产业的推动性强,关联度低表明带动力较弱。

(2)文化创意产业通过价值链与其他产业关联性发展

1985年哈佛大学教授波特(Michael Porter)提出了价值链理论,指出企业的价值创造需要通过一系列活动来完成,具体包括设计、生产、销售以及各类辅助性活动。各类经济活动都有自身的价值链,价值链理论表明企业之间的竞争不仅包括各阶段的竞争,还包括价值链的竞争,价值链整体的竞争力决定了企业竞争力的强弱。

由文化创意产业所有增值环节构成的有机整体就是文化创意产业的价值链,文化创意产业的价值链有两种结构形式:网状价值链和线性价值链。文化创意产业使用价值链实现与其他产业的关联发展,可促成各个环节价值链方面的合作,并形成文化创意产业价值链或者价值网,从而达到提高文化创意产业和其关联产业整体效率的目的。如文化创意产业和房地产业通过价值链互相融合、渗透,能促进产品的制作、推广以及流通,进而形成集文化创意和房地产于一体的创意地产。

(3)文化创意产业通过供应链与其他产业关联性发展

供应链是指产品在生产和流通过程中的原材料供应商、生产商、分销商、零售商以及消费者等,通过与上下游各参与主体连接组成的网络结构。文化创意产业依靠供应链与其他产业相关联,实质上是指文化创意产业与其相关联的产业利用在合作中创造的物质流、信息流以及资金流，减少市场交易费用和组织关联费用，达到和谐稳定、互利共赢的状态。文化创意产业与其关联产业需要加强分工合作，实现优势互补，整合供应链中关联各产业的加工、制作环节，形成统一协调发展的关联产业供应链。

文化创意产品主要包括资源依托型产品和创意主导型产品两类：

第一类，资源依托型产品主要融合了历史古迹、博物馆和民俗文化等，存在较强的地理优势，此类文化创意产品因具有浓烈的地域特色而难以被模仿和复制。生产此类产品的文化创意产业通常与旅游业、交通运输业关联发展，具有较强的市场竞争优势。资源依托型文化创意产品主要在供应链关联的基础上，有效利用文化资源与其他相关产业之间的相互作用，以此促进产业之间的合作共赢。

第二类，创意主导型产品以创新为核心竞争力，依托影视制作、文化产业园以及动漫创作等。通常，以创意为主导的文化创意产业与建筑业和制造业关联性较强。

三、智慧城市对文化创意产业的积极效应

（一）促进文化创意产业的转型升级

现代智慧城市是国家治理体系和治理能力现代化的重要内容，国家从战略高度提出以新一代信息技术为引领的新型智慧城市建设，将其作为推进我国现代化进程中具有战略意义的重大工程，现今"智慧城市"已成为全球新一轮科技革命与产业变革的前沿领域之一。智慧城市的顶层设计、创新中心、产业集群、招商环境和投融资模式的创新，共同构成了"五位"。要灵活利用新兴技术，如大数据、云计算等，推动和促进城市治理领域的智能应用全面建设，积极构建数字孪生的城市治理智能决策，以数字化为前提搭建基础服务云平台，从而实现城市大脑的超前认知城市系统的脆弱性构建，并且要通过模拟演练形成灵活的应对方案，从而促进智慧城市建设的高质量、高水平全面发展，使城市治理、产业经济等多个方面得到高质量的发展。

随着经济不断向前发展，城市化进程在不断取得成就的同时，也出现了资源

紧张、交通拥堵、贫富差距大等问题。城市建设发展在"城市病"的直接推动下逐渐衍生出智慧城市。我国智慧城市建设的基本目标从一般意义上来看主要有三个：基础设施层建设、资源层建设、应用层建设。基础设施层建设主要包括网络通信层建设和感知层建设，通过对先进的装备芯片、传感器等技术的灵活应用，全面感知城市的基础设施、手机等，并将其接入全城的通信网和互联网，从而实现对城市信息的高效传输。互联网时代有"大数据"和"云计算"两个典型经济形态，"云计算"为社会提供协作平台，"大数据"是主体使用整个社会的数据，"云计算"在为"大数据"提供动力的同时也为文化创意产业提供了全新的协作模式。

互联网渗透到了我们生活的每个方面，已成为人们认识和接受产品服务的重要渠道，它能降低企业与消费者之间的沟通成本，买卖双方通过互联网可以便利对接。这种成本的降低有利于零散分布的个性化需求集聚，使个性化需求的满足成为可能，更能迎合消费者。消费者的意见、评价也能通过互联网更直接地反馈给相关产业，从而使相关企业能及时做出调整避免影响消费满意度。文化创意产业的规模扩张与互联网的快速发展相辅相成，成功的文化创意不可能脱离互联网单独存在。

资源层建设主要是指构建各类基础数据库，如城市地理空间数据库、城市自然环境与资源数据库、城市基础设施数据库、城市人口基础信息数据库、城市法人单位数据库、城市经济社会运行情况统计数据库、城市政务信息数据库等，可对城市各个系统运行产生的大量数据进行整合、存储、加工。大众消费文化创意产品时，不仅关注其使用价值，更重要的是关注文化创意产品中的观念、价值、情感等附加值。因大众观念、情感是变化的，文化创意产业如何针对性地、准确地把握观念、价值，需要对市场需求做出准确判断。

文化创意产业可以利用智慧城市资源层建设的各类数据库进行各类市场调研，精确把握大众的偏好；分析数据库中的大量相关数据可以更直接、快捷地得出结论，避免传统市场调研周期长、成本高、因样本选取不合适造成的结论偏差等问题。大数据为预测文化趋势提供了全新的思路，在提高文化创意产业工作效率的同时节约了时间、成本，使产品抢先一步占领市场。数据资源一直以来就与商业密不可分，有了足够的数据就可以预测大众的偏好。数据资源的整合加工有助于文化创意产业的市场发展，文化创意产业可以借此产生质的飞跃。

应用层建设主要是指应用协同层建设与应用服务层建设，前者将基础数据作为支撑，为电子支付中心、信息资源中心等五个服务支撑中心提供支持。智慧城市的应用层建设在文化创意产品从概念确定到被消费的过程中均起到了促进、提升作用。后者主要包括三个模块：一是基本应用模块，二是城市特色模块，三是扩展模块。我国智慧城市建设所需的主要是基本应用模块，包括九个领域，如智慧政务、智慧安全等。城市特色应用模块主要指的是每一座城市均应该按照自身发展实际情况来进行特色的有效设计。面向智慧城市的未来的扩展模块，实际上为城市未来的发展提供了一种开放式的接口，以满足不断增长的需求。

智慧城市的基础设施、资源和应用三个层面的建设，推动了文化创意产业的进一步转型和升级，为城市的发展注入了新的活力。在实际运营的过程当中，智慧城市比较侧重于以交叉需求为导向，可推动新型互联网和通讯产业应用的创新，也可在从基础理论研究中将智慧城市顶层设计的精髓成功提炼出来的同时，从落地建设政府职能的交联地带中培育出适用于刚性需求的有效应用。要以智慧城市思维、技术、方法和手段为支撑，深入研究与充分尊重城市内在的独有规律，构建更加高效的城市模型。

（二）大数据提高文化创意产业集群化与关联发展

在智慧城市建设的环境之下，互联网带动大数据、云计算迅速崛起，对我国通信网络、金融、医疗、交通等领域的发展产生了积极促进作用，也对文化创意产业的生产方式、营销推广模式产生了积极的影响。

在文化创意产品生产之前，企业要对大量消费者数据进行分析，判断此产品能否被消费者接受，能否满足市场需求，是否可以为企业带来收益；产品不够完善可通过互联网收集用户的主观意见，对产品进行改良创新。经过此过程的文化创意产品，与传统过程生产出的文化创意产品相比，更易满足消费者需求，更具市场竞争力。互联网、大数据等科学技术已经成为企业经营者进行投资决策的重要手段。

随着智慧城市的发展，以产城融合的空间生态为基础和前提，经过多维度思考将新时代智慧城市发展理念被提了出来，该理念综合考虑了关键要素的整合、多个主体的参与等多个方面。除了始终坚持基于产城融合空间生态自组织和协同经济的新时代智慧城市理论之外，该理论也坚持智慧城市五位一体的方法论，倡导通过高标准的规划设计与实施智慧城市项目，努力打造一个以人为本和全时空服务的智能经济先导区。

要建立以智能经济为引领的先导区域，同时要加快推动企业转型升级和产业互联网化，从而实现"智造"向"创智"转变，提升国家自主创新能力和全球竞争力。要借助于协同数字经济和城市治理，在顶层设计的过程当中将政府和行业对信息化的刚性需求充分激发出来，以推动其发展。智慧城市的运营应该以市场需求为导向，将目光聚焦于大数据的批量业务设计，对开放创新的信息通信技术灵活应用，从而促进产业结构的升级，推动新经济的发展。要将大数据、互联网等先进的技术平台作为支撑，借助智能经济先导区的建设，推动城市规划方法的创新，促进生态文明目标的实现，一方面要使城市数字化、信息化建设和城镇功能提升的巧妙融合，另一方面要真正实现智慧城市运营服务端的高效运作。大数据对文化创意产业集群化和关联发展产生的影响，主要有以下方面：

1. 大数据改变了文化创意产业的发展方式

文化创意产业发展要素包括初级要素和高级要素。初级要素包括文化资源、企业规模以及人才储备等。高级要素包括配套基础设施、企业资本、信息获取能力以及创新能力等。除此之外，大数据也是文化创意产业发展的要素之一。通过对比分析新的数据与过去的数据，企业可精准预测出数据走向，企业对产品未来发展方向的规划将更具有侧重点；对比分析外部数据和企业内部数据可找出彼此的不同和关联度，依据关联度的不同，企业可对关联企业投入不同的精力，相应的侧重点不同。

大数据以信息技术为基础，加工处理复杂的数据信息、对比分析相关数据，可以帮助企业制定和选择适宜的决策方案。我国文化创意产业在大数据的辅助下，产业集群化发展的要素投资和流向更加科学化和高效化。相较于传统的文化创意产业，使用大数据对比分析可以将要素整合，将独立的生产方式转变成分工合作式的集群化发展方式。

2. 大数据改变了文化创意产业的发展模式

大数据环境下，文化创意企业以相关数据为基础，借助信息技术预测发展趋势，可为企业的结构调整、发展方向规划提供更科学的依据。在大数据基础之上，企业要充分掌握市场供需结构，开展精准的市场营销策略，有效把握顾客消费心理，实现引导消费。对于文化创意产业来说，大数据可有效帮助文化创意企业制定适宜的发展战略，进而更好地激发企业参与更高层次的竞争，有效改变文化创意产业的发展模式。

3. 大数据改变了文化创意产业的发展态势

大数据平台可以为文化共享提供更为快捷的通道，从而有效提高文化创意产品的创新效率。文化创意产业的创新主体主要有文化企业、科研院所、集群内的机构以及关联产业的企业等。在众多的创新主体中，文化企业是核心，所有相关联的创新主体通过数据平台交流共享信息，会形成一种交叉状的创新网络。对于我国文化创意产业集群化发展和关联发展，大量的创新主体为创新提供了动力，大数据能够消除这些创新主体之间的阻碍，促进文化创意产业态势的转变。

第二节　数字经济下智慧城市文化创意产业研究

一、文化创意产业集聚对策研究

（一）建立和完善文化创意产业集聚区

在全球经济一体化的大背景下，文化创意产业作为以创造力为核心的新兴产业应运而生，涵盖了动漫、传媒等多个领域。文化创意产业作为知识经济时代的朝阳产业，已经成为全球经济增长最快的领域之一。文化创意产业是一个全新领域，其兴起有内在动因，即信息传播技术革命推动着人类社会进入信息时代，信息技术改变着人们生活方式，使人类从物质消费时代向精神享受时代迈进。文化创意产业的核心在于人类所独有的创造力，同时能将其充分发挥出来；数字媒体的广泛应用与不断发展，则使文化创意的需求得到满足与进一步地激发。数字媒体在影视制作、动漫创作等领域，推动了文化创意产业的形成与发展。数字媒体技术的发展为文化创意产业提供了强有力的支撑。

文化创意产业聚集区汇聚了多种生产要素，如知识、资本等，通过对各种资源的有序整合，实现了企业和企业之间的优势互补，从而使文化创意产业得到了集聚式的进一步发展。文化创意产业园区以其独特的功能和价值，在推动经济转型升级中发挥着越来越大的作用。推动和促进文化创意产业发展的关键就在于文化创意产业园区的建设，它不仅能够增强政府的参与度，还能为企业提供针对性强的政策支持，促进文化创意产业和其他产业更加快速、有机地融合在一起。

在文化创意产业集聚区的建设过程中，相关部门为该区域内的企业提供了一个优秀的协作平台。通过协同合作和资源共享，企业可以优化资源配置，降低和减少生产的成本，最终提升企业的竞争力，同时还可以在区域内开展创新活动，实现知识共享，从而加快技术进步和产业结构升级步伐，企业也能利用各种资源进行创新与研发，以达到产品差异化竞争优势。作为政府政策集中投放的实验基地，集聚区的建设可以最大限度地发挥政府的引导和激励作用，有效地解决与纠正文化创意产业发展过程当中可能出现的一系列市场失灵的问题。从我国实际出发，要注重发挥文化创意产业集聚区优点，也要注重以城市为载体、以产城融合为特征、以区域协同化为动力三个基本特点。要通过建设文化创意产业集聚区，不断推动技术创新、加强集聚资源要素等方面的服务功能，从而不断提升产业竞争力。

文化创意产业作为一个具有独特个性的领域，究其根本，它的价值基本源于当地文化特色和创意，它可通过对市场机制与内生动力的灵活运用，精准定位文化创意产业聚集区的最终发展方向。文化创意产业的蓬勃发展离不开产业的汇聚与融合。要加速文化创意产业基地与区域性特色文化产业群的建设，合理引导创意企业、专业供应商等严格按照分工与合作的关系，集中建立文化创意综合配套改革试验区，切实提升文化创意产业在整体方面的实力，让创意集聚区真正成为创意要素的"栖息之所"。从某种意义上讲，一个地区或国家的竞争力就是该地区或国家文化创意产业发展状况的反映，区域经济的繁荣和文化创意产业的兴盛有着密不可分的联系，二者相互促进，共同推动着经济的发展。文化创意产业在城市功能的日益完善的影响下，对集体互动与企业地理集聚的需求也日益增加，从而需要创造出一个集群化的环境。

文化创意产业的繁荣与否，直接取决于文化创意集聚区的空间布局是否具备合理性。合理规划文化创意产业集聚区的空间布局，首先应与城市规划相结合，达到与城市功能互补的效果，从而带动区域经济发展；其次要与城市的交通与通信设施相结合，使集聚区的通达性得到显著提升，同时使城市信息传播系统也得到优化和完善，使文化创意产品和服务能够及时传递给广大群众。

文化产业实际上是一个生产系统，具有高度专业化、高度复杂的特征，由制造商、供应商等多个环节构成。文化创意产业规划时要始终以人为本，注重人才的培养。根据文化创意产业的特点，创意人才能支撑其发展，因此文化创意产业更需要留住人才、培养人才，促进人才的合理布局。

首先，要高度重视和强调对文化创意产业和相关行业领袖人才的全面培养，加强行业领域内创新型企业和专业技术人才队伍建设。众所周知，卓越的行业领袖需要具备组建和培养卓越创新团队的能力，也需要在促进产业发展、提升行业核心竞争力等重要领域扮演着至关重要的角色。根据文化创意产业的特征，高层人才需要经过生产实践的长期磨砺，才能具有足够的实力；偶然性的成功不能造就真正的领军人才。因此在寻求领军人物的同时要尊重其成长周期，给予他们政策、资金支持，从而提供一种鼓励成才、包容失败的良好环境。

其次，应当侧重于文化创意产业和相关行业中层人才的培养，提升其综合素质和竞争力。中层人才是文化创意产业领军人才的合作者，是重大经营战略的领舞者，肩负着承上启下的关键作用，在促进行业发展的过程中有至关重要的地位。在文化创意产业中，中层人才主要指管理人才和创意整理人才。管理人才需要对行业内部环境进行评估，制订具有前瞻性的发展战略，根据不同产业的特点，构建独特的管理理论，及时发现并解决问题，努力克服相应的发展难题。互联网在智慧城市蓬勃发展的新时代可以说是遍布全球，因此管理人才必须具备资本运作能力和互联网金融方面的思维，以从容应对文化创意产业和互联网的深层次交融。对于文化创意整理人才而言，他们需要对已有的文化创意进行系统化的整合和再创作，深度挖掘创新潜力，以达到更高层次的文化创新和发展。文化创意整理人才是文化创意产业拓展领域的智囊，既应该具备整合能力，同时也应该有一定的创新能力。这些能力主要指在熟悉传统文化和涉猎外来文化的基础上，通过对文化的深度加工，并且和个人创造力、经济学理论有机结合，最终创造出具有经济价值的文化产品，同时在此基础上将其抽象为可复制的文化产业。针对文化创意产业中层人才的特点，政府要通过制定具有激励性的政策，成立文化创意产业协会，建立跨行业的文化创意产业人才培养机制，以促进人才的流动；要不断加强高等院校和企业之间的人才交流与合作，从而推动知识型人才向企业化人才的成功转型，同时也为高校解决就业问题；结合本地区文化特点，增加更多的创意文化机构，建立更多的名人创意工作室、创意人才俱乐部等。

最后，站在经济增长速度的层面来看，依赖于人力资本开发的地区或者国家，增长速度远高于依赖自然资源的地区或者国家，甚至高出数十倍之多。因此，政府应该不断加强文化创意产业人才体制建设，制定相应的文化人才认证体系，对文化创意人才进行标准化管理，形成特定的文化创意人才认定、分类分级体系，规范文化创意人才职业认证和分级，保证人才的质量；对文化人才，要在薪资、五险一金、个人所得税等方面给予一定的优惠政策，以此吸引人才；要结合文化创意产业发展实际，努力构建一个文化人才流动储备平台和创新人才培养的平台，从而优化和提升文化创意人才的资源市场配置效率。

除要重视人才培养以外，重视文化创意产业的金融支持也很重要。由于文化创意产业具备风险性高、投资回报周期长等特点，企业在创业发展初期都会遇到资金问题，政府可给予文化创意产业一定的金融支持，以解决其无形资产难以评估、金融配套服务缺失等难题。

首先，可以建立文化创意产业金融中心，加强顶层设计。可以和相关单位协同合作，建立金融服务中心，设置专门的文化创新基金、文化银行等，以提供全方位的金融服务。为了支持文化创意产业的发展，政府每年都要设立专项资金，完善企业银行贷款机制，同时设立文化银行融资资质，对符合资质的企业，按照基准利率发放相应的贷款，对没有获得资质的企业进行风险评估并设定较高的基准利率，从而尽可能满足各类文化创意企业的不同发展需求。此外，政府要通过各种方式宣传推广文化创意产品，提高文化创意产品的知名度和美誉度，吸引消费者购买并产生消费意愿。要积极建立区域性文化创意信息网站，推动金融中心和两方的相互交流和沟通，以便使金融中心更加便捷地获取和掌握文化创意企业的有关信息，企业也可以便捷地获得更多金融服务相关的配套信息。

其次，要完善文化创意产业的金融投资调节机制，其最重要的目的是提高文化创意产业的融资效率，提高企业知晓的信息量，促进企业与金融机构的合作，节约文化创意产业的融资成本。完善金融投资协调机制还可以降低金融机构的投资风险，加快政府文化创意产业相关金融政策到达企业的速度。可以建立文化创意产业融资创新机制，融资创新主要是指拓宽融资渠道，从而使投资主体多元化，为文化创意产业的发展储备足够的经济力量。

拓宽融资渠道主要有以下四种方式：

第一，鼓励直接融资方式，文化创意产业中大型企业较少，大部分都是中小型企业，政府部门可以搭建适合中小型企业发展所需要的股权融资体系，推动文化创意企业进入正轨。

第二，开拓间接融资渠道，如银行、保险等，金融机构要通过不同的方式和手段深入地调查、研究和分析文化创意产业，了解和掌握其发展的具体需求，并及时推出与其特点相符合的金融服务产品。

第三，使用融资租赁方式，对于科技含量高、价格不菲的设备，以租赁方式满足文化创意产业的需求，减少企业的资金压力，这也能减少资金浪费。

第四，利用好民间投资以及外来投资，鼓励私人资本以及外商资本投入文化创意产业及相关产业中，有效融合各类资金与文化创意产业，全面拓展文化创意企业融资空间和融资渠道。

在有效的融资方式外，政府可以加强对文化创意产业企业管理者的金融培训，可设立专项资金，并邀请相关的专业人士，对他们进行专门的金融理论培训，帮助他们认识和学习最新的金融战略和融资手段。政府教育部门可以为文化创意相关专业的高校学生开设金融课程，从源头解决文化创意产业从业人员金融知识不足的问题。

（二）健全知识产权保护体系

文化创意产业的竞争优势来自人的创新能力，而培育这种创新能力的动力则来自对知识产权的保护。文化创意产业相对其他产业来说，由于其创意产品的易复制性等特点，其风险更高。重视知识产权保护是文化创意产业可持续发展的基础。文化创意产业的核心就是自主创新，文化创意产业的本质就是对创新成果的转换以及产权收益。

知识产权制度是一种对人类智力创造活动的激励制度以及保护制度，它可为文化创意产业的可持续发展提供强有力的法律保护，也可为权利人的智力创新成果提供垄断性合法保障。知识产权保护应贯穿整个文化创意产业发展过程，在文化创意产品或者服务投入市场时，由于产品具有易传播、易复制的特性，容易出现投机者，必须有知识产权保护措施，对侵权、盗版等影响文化创意产业健康发展的行为实施严厉打击，营造健康的知识产权环境，保障文化创意产业的发展，促进我国产业结构的升级。

首先,在完善文化创意产业的知识产权保护方面,要提高相关从业人员的知识产权保护意识,通过科学合理的引导行动,将知识产权保护的理念内化为个人的意识和观念,形成社会文化氛围,从而有效遏制盗版行为,使文化创意产权得到真正的保护。除此之外,在完善文化创意产业的法律体系建设上,可以建立起相应的法律法规来对文化创意产业进行规范管理。文化创意产业的从业人员涵盖了文化创意产业的从业者和消费者等多个群体,其中文化创意产业的从业人员是整个文化创意产业中最重要也是最难管理的一个群体,他们对自己所从事的文化产业的知识产权保护有着非常高的要求。提升文化创意产业从业者对知识产权保护的认知水平,有助于及时发现侵犯知识产权的不良行为,同时也能够激励从业人员同侵犯者相抗争。有效提升消费者对文化创意产品及服务的知识产权保护意识,有助于营造一种尊重知识、劳动成果和创新成果的良好文化氛围,从而推动文化创意产业的可持续健康发展。

其次,要完善知识产权法律保护制度,强有力地促进文化创意产业的发展。要完善文化创意产业行业协会知识产权职能,将知识产权保护制度纳入行业协会的制度中。行业协会可以对违规者进行合理的惩罚,以提升文化创意产业的自我约束能力,同时这还可以起到广泛宣传知识产权保护方面专业知识的作用,进而为文化创意企业的知识产权共性问题提供解决方案,公正有效地处理产权纠纷。在我国现有的知识产权法律框架下,进一步完善和优化文化创意产业相关的法规,能够使文化创意产业的知识产权得到更好的保护。另外,想要加强对文化创意产业专业理论知识的掌握,需要对执法人员进行严格的管理,提高其执法能力,严厉打击侵权活动,提高违法成本,及时发现并处理侵权违法人员。要加强奖惩制度建设,对知识产权侵权举报者予以表扬、奖励,对侵权者进行教育、惩罚,并定期曝光。

更加全面的法律保护制度可以为文化创意产业的发展提供更为健康的环境,能促进文化创意产业的集聚。当更多的文化创意类企业存在于市场中时,就需要完善的法律法规来维持其发展秩序。

（三）以创新打造文化创意产业的核心竞争力

首先，要以科技为载体构建文化创意产业项目集群，将文化创意与数字技术相融合，通过科学技术平台整合资源，打造集聚群。

其次，要通过运用云计算、大数据、互联网等前沿技术，同步实现线上和线下的文化创意产业的提升和发展。借助互联网大数据，企业可以调查研究文化创意产业消费人群的消费爱好、消费水平等具体信息，借此挖掘消费者的潜在需求，引导消费，同时也能为文化创意产业提供数据支撑，这有助于产品发展方向定位。培养更多既是文化创意人才又是科技人才的复合型人才，能更有效地推进文化创意产业的发展。可以通过两种方式来有效培养复合型人才：其一，可以在高校开展科技实践课程，将理论与技术融合，这一方面有助于培养文化创意产业所需的复合型人才，另一方面也有助于解决高校毕业生的就业问题；其二，可以鼓励科研机构融入文化创意产业相关跨界研究，培养复合型人才。

再次，用科学技术手段展现当地文化元素，可以使区域文化创意产业的竞争实力得到大幅度提升，从而增强在市场上的地位和影响力。创造出具有独特文化内涵的精品是文化创意产业的核心竞争力，这需要企业结合当地的实际情况进行深入挖掘和精心打磨。文化创意产业可持续发展的前提就是要提高自身的创新能力以及品牌意识，鼓励有实力的企业将这些优秀的传统文化元素通过科学技术进行加工，并将其转化为文化创意产品或者服务，打造成特色文化创意资本，进而形成品牌以及在全国有影响力的龙头企业，以品牌效应带动当地文化创意产业的集聚发展，提升当地的内在魅力以及外在表现力。

最后，由于文化创意产业的发展受资源和土地的限制少，与科技以及文化资源等的联系多，可以与其他产业融合发展，政府可以重点扶持和培养能够起到带领作用的文化创意企业，借助领头企业的品牌优势、技术能力，吸引本地区分散的小型文化创意企业，整合发展，形成良好的发展氛围，进而提升品牌力量。以米老鼠为代表的卡通动画在先进科技手段的推动下，构建了一系列文化产业链，涵盖了影视、旅游等多个领域，从而在将更多美国文化元素展现出来的同时，也借助网络等新兴媒介进一步传播和扩散了美国文化的特色元素。

要借鉴和参考此模式,汇聚集聚区内企业各自的独特资源,进行更加专业化和特色化的发展,对科技手段进行灵活的运用,将当地文化展现出来,并借助当地传统文化或者特色产品打造领军企业,形成品牌独有的影响力,进而走向国际舞台并站稳。要结合自身优势与特点,选择适宜的区域模式和发展路径,依托本地域的历史文化底蕴及人文风情,开发出适合本地经济发展水平的产品。要借助文化创意龙头企业的引领和辐射效应,推动当地文化创意产业向外扩张,积极构建一条完整的产业链,将龙头企业作为关键所在,实现集团化发展,从而带动当地文化创意产业的繁荣发展。需要注意的是,要避免过度竞争导致的恶性竞争问题,减少和减低对文化产业造成的冲击。在具备条件的区域,可以合并多家文化创意企业,并且这些企业均具有卓越的创新能力和良好的经营状况,要将其视为该地区文化创意产业的龙头企业,最终推动该地区文化创意产业的蓬勃发展。

二、文化创意产业关联性对策研究

(一)文化创意产业与其他产业深度融合发展

在智慧城市建设过程中,信息数据是其主要的支撑基础。数字经济可以为智慧城市建设扩宽信息采集的渠道,如可以通过网络渠道获取信息、企业渠道获取各行各业的内部信息、政府渠道获得大政方针政策信息等,然后借助大数据技术将信息进行处理和分类,使所获得信息具有可靠性和兼容性,这能够有效提高智慧城市信息管理水平。

随着互联网信息技术的高速发展,人们的生活已经进入一个崭新的网络时代,其中,最明显的变化就是人们对文化创意产品的需求不断增加。随着数字经济时代的到来,文化创意产业一方面在文化产品的生产与传播过程中融入了"创意知识",同时也与数字技术进行了深度融合;另一方面在传统产业的基础上进行了产业范畴的进一步扩展,为其开拓了全新的发展领域。我们可以将以上改变理解为文化创意产品在网络平台上的销售与传播,或者先进的数字技术,对文化创意产业的构成方式与理解范围产生了较为深刻的影响。

在数字经济时代，文化创意产业作为数字内容业和数字创意产业的代表，是从延伸文化创意产业的视域来思考的。文化创意产业在世界范围内都已经有了比较成熟的发展模式，但其内涵还没有统一明确的界定标准，不同国家对于"什么是文化创意产业"的理解差异很大。其中，联合国教科文组织认为文化创意产业是一种将创意活动与高科技有机结合的产业。数字经济时代是人类社会进入数字化信息时代后所形成的一种新的经济形态。在数字经济时代，文化创意产业是以文化资源为基础，与现代数字技术相融合，将企业或者个人的创意知识作为关键核心，通过生产创造过程和结果，为文化产业带来附加价值的一种产业。

对文化创意产业关联性的研究结果表明，随着时间的推移和数字经济的发展，在其影响下文化创意产业和其他产业的融合发展会呈现出日益明显的趋势。文化创意产业所涉及的产业，可以更好地满足人们的不同消费需求，具体而言即现阶段人们更倾向于由第三产业提供的服务型消费，文化创意产业与第三产业的融合度越来越高。文化创意产业的关联效应能反映出国民经济各产业部门对文化创意产业的需求感应程度逐年增强，可以推进文化创意产业与其他产业深度融合发展。

第一，政府应当深入分析文化创意产业的发展需求及其运行规律，大力推进针对文化创意产业发展的供给侧结构性改革，促进通信设备、计算机和其他电子设备、金融等与文化创意产业关联性较强的行业的发展，以保证能够有效供给文化创意产业发展所需要的产品和服务，要通过促进文化创意产业和相关产业的有机融合与发展，使文化创意产业的结构得到不断的调整，同时要优化其质量，将文化创意新兴产业对其他产业发展的带动作用充分展现出来。

第二，要充分发挥文化创意产业对各产业的供给推动作用，联系其他产业的发展实际，深入推动文化创意产业供给结构和供给能力的改革，促使文化创意产业向第三产业发展。为了提高文化创意产品的质量和文化创意产业的综合服务能力，并且为进一步凸显文化创意产业在经济发展中的重要地位与作用，必须采取相应的有效措施。

第三，文化创意产业与网络信息技术行业紧密关联，使得在智慧城市这一大背景下,文化创意与通信计算机的产业融合成为必然发展趋势。现阶段,文化创意与通信计算机的产业融合发展已经成为一股新的潮流,这种融合发展以满足国内日益增长的中高端消费需求为导向,是推动供给侧结构性改革的有力抓手。在信息化产业发展中融入文化创意,提高产品的人性化设计水平、个性化定制水平和精神层面内涵,可以为供给侧结构性改革注入直接动力,从而进一步促进国民经济和产业结构的转型升级。

文化创意产业的蓬勃发展对市场经济的演进产生了深远的影响,其意义不可小觑。文化创意产业在带动经济增长、优化产业结构等方面发挥着积极显著的作用,所以必须高度重视数字媒介在文化创意产业发展中的作用和意义。文化创意产业是一项复杂的系统工程,它涉及很多方面内容,随着互联网和多媒体技术的不断创新,传统的文化产业正逐渐被文化创意产业所替代。数字媒体与网络技术结合起来形成一种新的传播方式,它可以实现信息共享,并且能够使人之间进行有效互动。因此,数字媒体技术在文化创意产业中扮演着至关重要的角色,只有正确地对其进行合理应用,才能进一步促进产业的发展。

(二)加大文化创意市场的建设力度

为了实现文化创意产业的振兴和相关产业的深层次全面发展,必须高度重视文化创意市场的建设,这是至关重要的。为了推动文化创意产业的蓬勃发展,政府需要积极推动文化创意消费市场的构建。在推动文化创意消费市场的发展的时候,可以通过促进文化创意产业的繁荣发展,使区域文化创意产业的竞争力得到有效的提升,从而借助需求驱动生产,为相关产业提供更加强有力的支撑。除此之外,供给侧结构性改革和创新驱动,可以提升文化产业发展质量,实现经济效益与社会效益同步提高,推动社会经济转型升级。在塑造社会主义核心价值观的过程中,必须采取措施遏制愚昧文化的蔓延,只有这样才能真正发挥出文化创意消费市场对我国经济社会可持续发展所具有的重要作用。由此可知,文化创意消费市场的孕育是一项涉及多个方面的综合性工程:

首先,要增强居民文化消费能力,提高居民实际收入。上层建筑是由经济基础所决定的,基本的物质生活是精神文化需求的基本保障。因此,不断提高居民的实际收入水平是培育文化消费市场的前提之一。其过程可以通过两个方面来实现：一方面，可通过拓宽居民的就业渠道、增加生产性投资等，增加居民的名义收入；另一方面，可通过稳定消费品价格来实现。另外，可以采取直接为农村居民订购报纸、补贴送电影下乡、补贴建设社区图书馆或阅览室等形式给予居民文化消费补贴，提高居民的文化消费能力。增强居民文化消费能力的有力措施还包括完善各种社会保障机制、消除居民的后顾之忧等。

其次，以提升居民文化素养为建设目标，借助不同的方式培养居民正确的文化消费理念。从制度层面上，加强文化市场管理和完善服务功能是促进居民文化消费水平提升的重要保证。塑造一种积极向上的文化消费理念成为一项不可或缺的任务。一是要加强精神文明建设，为提升农村居民整体素质奠定基础。为了提高农村居民的教育水平，政府要采取普及义务教育、开展扫盲教育等不同的措施，以确保他们接受高质量的教育，同时要加强对农村居民社会主义核心价值观的宣传教育，使他们能够正确面对当前的经济发展形势以及社会环境，为形成积极健康向上的思想打下坚实的基础。与此同时，为了引导城市居民树立积极向上的思想观念，政府要采用多种宣传形式，以期达到更好的效果。二是可通过举办多样化的文化宣传活动，有效提升居民的文化鉴赏水平，使他们的文化素养得到显著提升。三是必须提升居民对于是非判断的能力，以增强判断的准确性。现如今，各种文化思潮蓬勃发展，文化产品琳琅满目、五花八门，由于人们在选择文化时缺乏理性判断和分辨，有的人盲目消费文化商品，出现了不良倾向。为了应对这些现象，政府各级部门应当及时采取相应的有效措施，除了需要积极引导居民树立正确、有价值的文化消费观念，促进社会文化的健康发展之外，还要通过各种形式宣传和普及社会主义核心价值观，增强广大人民群众对社会主义核心价值体系的认同感和归属感，同时坚决杜绝低俗之风和不健康的伪劣文化产品，要对不良文化进行严格的监督。

最后，文化创意消费体制要升级转变。一是不断加强知识产权的保护，不仅能为文化产品的持续创新提供不竭动力，也可以为其注入鲜活的生命力，使文化产业获得更好发展；二是要进一步推广法律法规知识，提高公众对法律的认知水平，唯有知识产权保护意识提高了，侵权和抄袭行为才会有所减少，文化产品才会是企业自身的创新成果；三是执法机关应当在知识产权保护和居民维权之间寻求平衡，确保知识产权得到充分维护和保护；四是要努力提升市场信息的透明度，以便降低和减少相关文化企业的一系列运营成本。

参考文献

[1] 薛可，余明阳.文化创意学概论[M].上海：复旦大学出版社，2021.

[2] 钟婷，施雯等.文化创意产业20年[M].上海：上海科学技术文献出版社，2018.

[3] 张汝山.新时代文化创意产业发展研究[M].北京：研究出版社，2021.

[4] 周钰庭.文创地图：文化创意产业的经营路径[M].北京：现代出版社，2020.

[5] （美）艾伦·J.斯科特；张瑜欣，赵芳译.文化创意与城市经济[M].上海：上海文化出版社，2022.

[6] 项勇，吴俊臻，冷超，等.智慧城市文化创意产业集聚效应及关联性研究[M].北京：机械工业出版社，2020.

[7] 刘元华.我国文化创意产业法律保护案例分析[M].北京：知识产权出版社，2018.

[8] 狄浩林.北京市海淀区文化创意产业经济发展研究[M].北京：经济日报出版社，2018.

[9] 李亚男，杜浩.文化创意产业营销与传播[M].保定：河北大学出版社，2014.

[10] 卢涛，李玲.文化创意产业基础[M].武汉：武汉大学出版社，2014.

[11] 谢丹丹，范书斌.苏州文化创意产业品牌定位与整合策略研究[J].包装工程，2023，44（2）：343-348，364.

[12] 李瑾.数字营销视域下文化创意产业的新业态及营销模式研究[J].中国中小企业，2023（1）：119-121.

[13] 苏娜娜，罗一鸣.数字时代下景德镇陶瓷文化创意产业的发展现状及前景[J].陶瓷，2023（1）：191-193.

[14] 唐庆.我国文化创意产业与旅游产业融合发展研究——评《理论与实践：当代文化创意产业发展研究》[J].广东财经大学学报，2022，37（5）：115-116.

[15] 赵晓涵.文化创意产业经济效益审计的问题及应对[J].中国中小企业，2022（9）：233-235.

[16] 袁祎鹏, 刘倩, 郭汉蕊, 等. 陕西文化创意产业知识产权保护对策研究 [J]. 商业文化, 2022（18）: 12-14.

[17] 胡绍雨, 唐秋香. 推动我国文化创意产业发展的财政政策研究 [J]. 财会研究, 2022（6）: 4-11.

[18] 韩雨潇. 文化创意产业立法视角下的文创产业版权保护问题探析 [J]. 传播与版权, 2022（3）: 110-113.

[19] 郑洁珠. 文化创意产业发展与经济转型研究 [J]. 环渤海经济瞭望, 2022（04）: 16-18.

[20] 张进. 大数据背景下文化创意产业法律保护探析 [J]. 法制与社会, 2021（18）: 158-159.

[21] 王杨孟秋. 数字经济与实体经济融合对经济高质量发展的影响研究 [D]. 杭州: 浙江科技学院, 2022.

[22] 刘冬. 数字经济、科技创新与碳排放效率 [D]. 杭州: 浙江科技学院, 2022.

[23] 姜玉婷. 数字经济对生产性服务业空间集聚的影响研究 [D]. 南京: 南京邮电大学, 2022.

[24] 张莹. 数字经济对居民消费升级的影响研究 [D]. 南京: 南京邮电大学, 2022.

[25] 田振兴. 数字经济驱动制造业高质量发展的机理、效应及路径优化研究 [D]. 石家庄: 河北地质大学, 2022.

[26] 徐廷平. 数字经济对基本公共服务供给影响的统计研究 [D]. 杭州: 浙江工商大学, 2022.

[27] 邹丹. 文化创意产业对长三角地区经济增长的影响研究 [D]. 上海: 上海财经大学, 2022.

[28] 丛琳. 我国文化创意产业对经济高质量发展的影响研究 [D]. 沈阳: 辽宁大学, 2022.

[29] 刘子祎. 文化创意产业视角下出版品牌传播模型建构研究 [D]. 广州: 广东财经大学, 2022

[30] 姜子文. 中国文化创意产业国际竞争力影响因素研究 [D]. 上海: 东华大学, 2022.